LEGGE 25 giugno 1993, n. 205

Conversione in legge, con modificazioni, del decreto-legge 26 aprile 1993, n. 122, recante misure urgenti in materia di discriminazione razziale, etnica e religiosa. *(GU n.148 del 26-6-1993)*
note:Entrata in vigore della legge: 27/6/1993

Testo in vigore dal: 27-6-1993

La Camera dei deputati ed il Senato della Repubblica hanno approvato;
　　　　　　　　IL PRESIDENTE DELLA REPUBBLICA
　　　　　　　　　　　　PROMULGA
la seguente legge:
　　　　　　　　　　　　　Art. 1.
　　1. Il decreto-legge 26 aprile 1993, n. 122, recante misure urgenti
in materia di discriminazione razziale, etnica e religiosa, e'
convertito in legge con le modificazioni riportate in allegato alla
presente legge.
　　La presente legge, munita del sigillo dello Stato, sara' inserita
nella Raccolta ufficiale degli atti normativi della Repubblica
italiana. E' fatto obbligo a chiunque spetti di osservarla e di farla
osservare come legge dello Stato.
　　Data a Roma, addi' 25 giugno 1993
　　　　　　　　　　　　SCALFARO
　　　　　　　　　　　　　　　　　　　　　　CIAMPI, Presidente del Consiglio
　　　　　　　　　　　　　　　　dei ministri
　　　　　　　　　　　　　　　　MANCINO, Ministro

Visto, il Guardasigilli: CONSO, Ministro di grazia e giustizia dell'interno

---

AVVERTENZA:

Il decreto-legge 26 aprile 1993, n. 122, e' stato pubblicato nella Gazzetta Ufficiale - serie generale - n. 97 del 27 aprile 1993.

A norma dell'art. 15, comma 5, della legge 23 agosto 1988, n. 400 (Disciplina dell'attivita' di Governo e ordinamento della Presidenza del Consiglio dei Ministri), le modifiche apportate dalla presente legge di conversione hanno efficacia dal giorno successivo a quello della sua pubblicazione.

Il testo del decreto-legge coordinato con la legge di conversione e' pubblicato in questa stessa Gazzetta Ufficiale alla pag. 29.

Testo in vigore dal: 27-6-1993

ALLEGATO
MODIFICAZIONI APPORTATE IN SEDE DI CONVERSIONE AL DECRETO-LEGGE 26
  APRILE 1993, N. 122.
  All'articolo 1:
    al comma 1, il capoverso 1 e' sostituito dal seguente:
    "1. Salvo che il fatto costituisca piu' grave reato, anche ai fini
dell'attuazione della disposizione dell'articolo 4 della convenzione,
e' punito:
      a) con la reclusione sino a tre anni chi diffonde in qualsiasi
modo idee fondate sulla superiorita' o sull'odio razziale o etnico,
ovvero incita a commettere o commette atti di discriminazione per
motivi razziali, etnici, nazionali o religiosi;
      b) con la reclusione da sei mesi a quattro anni chi, in qualsiasi
modo, incita a commettere o commette violenza o atti di provocazione
alla violenza per motivi razziali, etnici, nazionali o religiosi";
    al comma 1, il capoverso 2 e' soppresso;
    al comma 1, il capoverso 3 e' sostituito dal seguente:
    "3. E' vietata ogni organizzazione, associazione, movimento o
gruppo avente tra i propri scopi l'incitamento alla discriminazione o
alla violenza per motivi razziali, etnici, nazionali o religiosi. Chi
partecipa a tali organizzazioni, associazioni, movimenti o gruppi, o
presta assistenza alla loro attivita', e' punito, per il solo fatto
della partecipazione o dell'assistenza, con la reclusione da sei mesi
a quattro anni. Coloro che promuovono o dirigono tali organizzazioni,

associazioni, movimenti o gruppi sono puniti, per cio' solo, con la
reclusione da uno a sei anni";
   sono aggiunti, in fine, i seguenti commi:
   "1- bis. Con la sentenza di condanna per uno dei reati previsti
dall'articolo 3 della legge 13 ottobre 1975, n. 654, o per uno dei
reati previsti dalla legge 9 ottobre 1967, n. 962, il tribunale puo'
altresi' disporre una o piu' delle seguenti sanzioni accessorie:
         a) obbligo di prestare un'attivita' non retribuita a favore della
collettivita' per finalita' sociali o di pubblica utilita', secondo
le modalita' stabilite ai sensi del comma 1- ter;
     b) obbligo di rientrare nella propria abitazione o in altro luogo
di privata dimora entro un'ora determinata e di non uscirne prima di
altra ora prefissata, per un periodo non superiore ad un anno;
     c) sospensione della patente di guida, del passaporto e di
documenti di identificazione validi per l'espatrio per un periodo non
superiore ad un anno, nonche' divieto di detenzione di armi proprie
di ogni genere;
     d) divieto di partecipare, in qualsiasi forma, ad attivita' di
propaganda elettorale per le elezioni politiche o amministrative suc-
cessive alla condanna, e comunque per un periodo non inferiore a tre
anni.
   1-ter. Entro trenta giorni dalla data di entrata in vigore della
legge di conversione del presente decreto, il Ministro di grazia e
giustizia determina, con proprio decreto, le modalita' di svolgimento

dell'attivita' non retribuita a favore della collettivita' di cui al comma 1- bis, lettera a).

1-quater. L'attivita' non retribuita a favore della collettivita', da svolgersi al termine dell'espiazione della pena detentiva per un periodo massimo di dodici settimane, deve essere determinata dal giudice con modalita' tali da non pregiudicare le esigenze lavorative, di studio o di reinserimento sociale del condannato.

1-quinquies. Possono costituire oggetto dell'attivita' non retribuita a favore della collettivita': la prestazione di attivita' lavorativa per opere di bonifica e restauro degli edifici danneggiati, con scritte, emblemi o simboli propri o usuali delle organizzazioni, associazioni, movimenti o gruppi di cui al comma 3 dell'articolo 3 della legge 13 ottobre 1975, n. 654; lo svolgimento di lavoro a favore di organizzazioni di assistenza sociale e di volontariato, quali quelle operanti nei confronti delle persone handicappate, dei tossicodipendenti, degli anziani o degli extracomunitari; la prestazione di lavoro per finalita' di protezione civile, di tutela del patrimonio ambientale e culturale, e per altre finalita' pubbliche individuate con il decreto di cui al comma 1-ter.

1-sexies. L'attivita' puo' essere svolta nell'ambito e a favore di strutture pubbliche o di enti ed organizzazioni privati".

All'articolo 2:
il comma 1 e' sostituito dal seguente:

"1. Chiunque, in pubbliche riunioni, compia manifestazioni
esteriori od ostenti emblemi o simboli propri o usuali delle
organizzazioni, associazioni, movimenti o gruppi di cui all'articolo
3 della legge 13 ottobre 1975, n. 654, e' punito con la pena della
reclusione fino a tre anni e con la multa da lire duecentomila a lire
cinquecentomila";
 il comma 2 e' sostituito dal seguente:
 "2. E' vietato l'accesso ai luoghi dove si svolgono competizioni
agonistiche alle persone che vi si recano con emblemi o simboli di
cui al comma 1. Il contravventore e' punito con l'arresto da tre mesi
ad un anno";
 al comma 3, dopo le parole: "della legge 13 ottobre 1975, n. 654,"
sono inserite le seguenti: "per uno dei reati previsti dalla legge 9
ottobre 1967, n. 962,"; e le parole: "il divieto di accesso disposto
a norma dell'articolo 6 della legge 13 dicembre 1989, n. 401," sono
sostituite dalle seguenti: "si applica la disposizione di cui
all'articolo 6 della legge 13 dicembre 1989, n. 401, e il divieto di
accesso".
 All'articolo 3:
 al comma 1, dopo le parole: "l'attivita' di" e' inserita la
seguente: "organizzazioni,"; e le parole: "da un terzo alla meta'"
sono sostituite dalle seguenti: "fino alla meta'".
 L'articolo 5 e' sostituito dal seguente:
 "Art. 5 (Perquisizioni e sequestri). - 1. Quando si procede per un
reato aggravato ai sensi dell'articolo 3 o per uno dei reati previsti

dall'articolo 3, commi 1, lettera b), e 3, della legge 13 ottobre
1975, n. 654, e dalla legge 9 ottobre 1967, n. 962, l'autorita'
giudiziaria dispone la perquisizione dell'immobile rispetto al quale
sussistono concreti elementi che consentano di ritenere che l'autore
se ne sia avvalso come luogo di riunione, di deposito o di rifugio o
per altre attivita' comunque connesse al reato. Gli ufficiali di
polizia giudiziaria, quando ricorrano motivi di particolare
necessita' ed urgenza che non consentano di richiedere
l'autorizzazione telefonica del magistrato competente, possono
altresi' procedere a perquisizioni dandone notizia, senza ritardo e
comunque entro quarantotto ore, al procuratore della Repubblica, il
quale, se ne ricorrono i presupposti, le convalida entro le succes-
sive quarantotto ore.
  2. E' sempre disposto il sequestro dell'immobile di cui al comma 1
quando in esso siano rinvenuti armi, munizioni, esplosivi od ordigni
esplosivi o incendiari ovvero taluni degli oggetti indicati
nell'articolo 4 della legge 18 aprile 1975, n. 110. E' sempre
disposto, altresi', il sequestro degli oggetti e degli altri
materiali sopra indicati nonche' degli emblemi, simboli o materiali
di propaganda propri o usuali di organizzazioni, associazioni,
movimenti o gruppi di cui alle leggi 9 ottobre 1967, n. 962, e 13
ottobre 1975, n. 654, rinvenuti nell'immobile. Si osservano le

disposizioni di cui agli articoli 324 e 355 del codice di procedura
penale. Qualora l'immobile sia in proprieta', in godimento o in uso
esclusivo a persona estranea al reato, il sequestro non puo'
protrarsi per oltre trenta giorni.
  3. Con la sentenza di condanna o con la sentenza di cui
all'articolo 444 del codice di procedura penale, il giudice, nei casi
di particolare gravita', dispone la confisca dell'immobile di cui al
comma 2 del presente articolo, salvo che lo stesso appartenga a
persona estranea al reato. E' sempre disposta la confisca degli
oggetti e degli altri materiali indicati nel medesimo comma 2".

  All'articolo 6:
    al comma 2, il secondo periodo e' soppresso;
    dopo il comma 2, e' inserito il seguente:
  "2-bis. All'articolo 380, comma 2, lettera l), del codice di
procedura penale, sono aggiunte, in fine, le parole:
', delle organizzazioni, associazioni, movimenti o gruppi di cui
all'articolo 3, comma 3, della legge 13 ottobre 1975, n. 654'";
    il comma 6 e' soppresso.
  All'articolo 7:
    al comma 1, le parole: "commi 1, lettera b), 2 e 3," sono
sostituite dalle seguenti: "commi 1, lettera b), e 3,"; dopo le
parole: "legge 13 ottobre 1975, n. 654," sono inserite le seguenti:
"o per uno dei reati previsti dalla legge 9 ottobre 1967, n. 962,"; e
le parole: "risultano fondati motivi per ritenere che l'attivita' di"
sono sostituite dalle seguenti: "sussistono

concreti elementi che consentono di ritenere che l'attivita' di organizzazioni,";

al comma 3, le parole: "lo scioglimento dell'associazione" sono sostituite dalle seguenti: "lo scioglimento dell'organizzazione, associazione".

XI LEGISLATURA - DISCUSSIONI - SEDUTA DEL 27 MAGGIO 1993

**RESOCONTO STENOGRAFICO
189. SEDUTA DI GIOVEDÌ 27 MAGGIO 1993
PRESIDENZA DEL VICEPRESIDENTE TARCISIO GITICI
INDI DEL VICEPRESIDENTE MARIO D'ACQUISTO, DEL PRESIDENTE GIORGIO NAPOLITANO E DEL VICEPRESIDENTE ALFREDO**

BIONDI

Disegno di legge di conversione (Deliberazione ai sensi dell'articolo 96-bis, comma 3, del regolamento) Conversione in legge del decreto-legge 26 aprile 1993, n. 122, recante misure urgenti in materia di discriminazione razziale, etnica e religiosa (2576) PRESIDENTE ... 14172, 14173, 14174, 14175 Dosi FABIO (gruppo lega nord) 14175 MAZZUCONI DANIELA, Sottosegretario di Stato per la giustizia 14173 PECORARO SCANIO ALFONSO (gruppo dei verdi) 14173 TARADASH MARCO (gruppo federalista europeo) 14174 TASSI CARLO (gruppo MSI-destra nazionale) 14173 ZAMPIERI AMEDEO (gruppo DC), Relatore 1417

Deliberazione ai sensi dell'articolo 96-bis, comma 3, del regolamento sul disegno di legge: Conversione in legge del decreto-legge 26 aprile 1993, n. 122, recante misure urgenti in materia di discriminazione razziale, etnica e religiosa (2576).

PRESIDENTE. L'ordine del giorno reca la deliberazione ai sensi dell'articolo 96-bis, comma 3, del regolamento sul disegno di legge: Conversione in legge del decreto-legge 26 aprile 1993, n. 122, recante misure urgenti in materia di discriminazione razziale, etnica e religiosa. Ricordo che nella seduta del 28 aprile scorso la I Commissione (Affari costituzionali) ha espresso parere favorevole sull'esistenza dei presupposti richiesti dal secondo comma dell'articolo 77 della Costituzione per l'adozione del decreto-legge n. 122 del 1993, di cui al disegno di legge di conversione n. 2576. Ha facoltà di parlare il relatore, onorevole Zampieri.

AMEDEO ZAMPIERI, Relatore. Signor Presidente, il decreto-legge n. 122 risponde alla necessità di predisporre strumenti efficaci per la prevenzione e la repressione di fenomeni di intolleranza e violenza xenofoba e antisemita che si manifestano negli ultimi tempi in Italia, anche se non con l'intensità di altri paesi. L'intervento delle forze dell'ordine ha già palesato efficacia nel quadro della prevenzione degli effetti del moltiplicarsi di fatti di discriminazione razziale, etnica e religiosa. Si conferma pertanto il parere favorevole della Commissione affari costituzionali sulla sussistenza dei requisiti di straordinaria necessità ed urgenza richiesti dall'articolo 77 della Costituzione per l'adozione del decreto-legge.

PRESIDENTE. Ha facoltà di parlare il rappresentante del Governo.

DANIELA MAZZUCONI, Sottosegretario di Stato per la giustizia. Signor Presidente, il Governo concorda con le considerazioni testé svolte dal relatore.

PRESIDENTE. Ricordo che può intervenire un oratore per gruppo, per non più di quindici minuti ciascuno. Ha chiesto di parlare l'onorevole Pecoraro Scanio. Ne ha facoltà.

ALFONSO PECORARO SCANIO. Signor Presidente, nonostante una serie di osservazioni già formulate in sede di Commissione giustizia in ordine all'esigenza di una normativa più dettagliata, il gruppo dei verdi ritiene sia necessario un intervento urgente nella materia, anche se molti elementi di merito ci lasciano perplessi. Stante comunque la gravità dei fenomeni di discriminazione razziale esistenti nel nostro paese, riconosciamo l'esistenza dei requisiti di necessità e di urgenza in relazione al decreto-legge n. 122. Chiediamo peraltro, ripeto,

una normativa più dettagliata (in Commissione giustizia sono stati già presentati alcuni emendamenti in tale direzione), per evitare che l'intervento contro le discriminazioni razziali possa avere conseguenze preoccupanti per le garanzie democratiche nel nostro paese. In conclusione, voteremo a favore dell'esistenza dei requisiti richiesti dall'articolo 96-bis, comma 3, del regolamento in relazione al decreto-legge n. 122.
PRESIDENTE. Ha chiesto di parlare l'onorevole Tassi. Ne ha facoltà.
CARLO TASSI. Signor Presidente, sarei favorevole al riconoscimento dei requisiti richiesti dall'articolo 96-bis del regolamento per il decreto-legge n. 122, perché il razzismo è una cosa stupida, e la discriminazione religiosa o razziale sono cose ancora più stupide. Quindi, qualsiasi intervento contro tali fenomeni sarebbe urgente e necessario; mi chiedo, anzi, come mai non si sia già provveduto in modo da far sì — con la giusta educazione — che nel nostro paese simili fenomeni non siano che marginali ed eccezionali. Nel decreto-legge n. 122, signor Presidente (non è una questione di merito; ma un problema di necessità ed urgenza), è contenuto l'articolo 4, che può essere considerato urgente e necessario per la parte in cui si parla di finalità antidemocratiche, parte sulla quale sono anch'io d'accordo. Ma in tale articolo si stabilisce anche che «alla stessa pena di cui al primo comma» (cioè quella relativa a delitti più gravi) «soggiace chi pubblicamente esalta esponenti, princìpi, fatti o metodi del fascismo (...)». Ne consegue che, se in questo momento Carlo Tassi dice «viva Dio», «viva la Patria», «viva la famiglia», «viva la magistratura del lavoro», «viva la carta del lavoro», commette un reato da sei anni di galera! Su questo argomento non si è voluto tenere conto dell'interpretazione giurisprudenziale della Cassazione e della Corte costituzionale, già acquisita come ius receptum, secondo la quale qualsiasi forma di apologia può essere punita solo se dall'esaltazione possa derivare la ricostituzione del disciolto

partito fascista. Questa è una giurisprudenza acquisita, ripeto. Anni fa, l'onorevole Ferrari Marte riuscì a fare mettere sotto processo l'attendente del mio povero papà, Mario Nicolini, reo di aver messo una lapide nel luogo in cui avevano assassinato Mussolini. Il processo si concluse con la mia arringa. Quando il presidente, dottor Vincifori (pretore che a suo tempo aveva addirittura ordinato l'autopsia sulla salma), mi diede la parola, la mia arringa fu semplicemente: «Viva il Duce!».. Il presidente si adontò ed io gli dissi: «Presidente, non si adonti: la Corte costituzionale e la Cassazione hanno già stabilito che l'apologia di per sé non è reato». In quel processo erano presenti venti miei camerati, ma al grido di «Viva il Duce» nessuno di loro ha fatto le tessere per ricostituire il disciolto partito fascista! Sulla lapide posta da Mario Nicolini era scritto «Qui cadde»; per la contraddizione che noi consente, se il grido «viva il Duce» non è apologia, non può esserlo neppure la scritta «Qui cadde». Nicolini fu assolto con formula piena, perché il fatto non sussiste, con buona pace di Ferrari Marte! Signor Presidente, non si possono andare a recuperare norme del 1952 senza tener conto che vi è stato un lavacro giurisprudenziale, acquisito, ormai ius receptum, pacifico. In un'altra proposta di legge si parlava addirittura di confisca degli immobili. Lo sapete che se fosse stata approvata quella norma avrebbero dovuto confiscare il palazzo di Montecitorio, perché vi sono due fasci nel quadro nella sala della posta? Bisogna stare attenti a non cadere nel ridicolo, perché se si cade nel ridicolo per queste cose serie poi non si è più credibili neanche per le cose normali... Sono questi, signor Presidente, i motivi per cui non ritengo che possa riconoscersi l'esistenza dei requisiti di necessità e di urgenza per la norma che ho ricordato, ma non mi oppongo e pertanto mi asterrò dal voto (e credo che il mio gruppo farà altrettanto). Ricordatevi però che andando avanti con norme di questo genere il legislatore farà soltanto la figura del citrullo.

PRESIDENTE. Ha chiesto di parlare l'onorevole Taradash. Ne ha facoltà.

MARCO TARADASH. Signor Presidente, colleghi, è stato deciso di trasformare in decreto-legge un disegno di legge che era già in discussione presso la Commissione giustizia della Camera perché il Governo ha ritenuto che i tempi sarebbero stati troppo lunghi. • Io non sono d'accordo sulla motivazione che ha portato alla trasformazione in decreto-legge del disegno di legge. In realtà anche all'interno della Commissione giustizia vi era un largo accordo sul fatto che il problema non era tanto quello di emanare nuove leggi, quanto quello dell'applicazione delle norme esistenti: quindi un problema di polizia e forse anche di magistratura. Si era ritenuto che convenisse forse unificare varie norme in un solo disegno di legge per far conoscere ai magistrati un testo che probabilmente la maggior parte di essi non aveva letto e che di conseguenza non poteva essere offerto alla cosiddetta obbligatorietà dell'azione penale. Il Governo ad un certo momento, prendendo spunto da un episodio di violenza razzista verificatosi a Roma, ha deciso di accelerare i tempi con il decreto-legge. Allora, se questa è la regola, il Parlamento in pratica deve servire soltanto a discutere decreti-legge, dobbiamo ritenere che in questo paese si possa governare soltanto in quel modo e che, di conseguenza, si passerà a questo modello, diverso dal modello costituzionale. Non mi sembra che vi siano ancora i presupposti per assumere una decisione in tal senso. A mio avviso la motivazione addotta dal Governo (secondo cui troppo lungo sarebbe stato il decorso della discussione all'interno della Commissione giustizia della Camera) non è sufficiente a far valere l'articolo della Costituzione che permette la formazione della volontà attraverso i decreti- legge. Il nostro gruppo voterà quindi contro la sussistenza dei requisiti di necessità e di urgenza.

PRESIDENTE. Ha chiesto di parlare l'onorevole Dosi. Ne ha facoltà.

FABIO DOSI. Signor Presidente, colleghi deputati, si sa che la lega in linea di principio è sempre contraria alla decretazione d'urgenza. Per quanto riguarda tuttavia il decreto-legge in esame, anche per evitare troppo facili strumentalizzazioni, dichiaro che la lega nord è favorevole a riconoscere la sussistenza dei requisiti di necessità e di urgenza, soprattutto per poter avviare in quest'aula un dibattito sul problema del razzismo, anche perché (è opportuno dirlo non solo ai colleghi, ma anche a coloro che stanno ascoltando dalle tribune) e ora di chiarire cosa si intenda per razzismo. Razzismo vuol dire molto semplicemente ritenere che una razza, o un popolo, se volete, sia superiore ad un'altra razza, ad uno o ad altri popoli, e dunque sia titolare di una potestà di comando nei confronti di altri popoli. Ebbene, se c'è un movimento che ha sempre combattuto questa concezione, è proprio la lega nord, che ha sempre riconosciuto la diversità tra le culture, tra le etnie. Ma diversità vuol dire avere tutti gli stessi diritti e gli stessi doveri. Pertanto se esiste un movimento contro il razzismo, questo è proprio la lega nord. Nell'Italia cosiddetta antifascista, viceversa, nell'Italia democratica e repubblicana, vi sono stati troppe volte rivoli di razzismo latente. È razzismo pretendere che certe persone provenienti da certe regioni abbiano più titolo ad ottenere posti pubblici in altre regioni. È razzismo, pretendere che non certe determinate persone, ma popolazioni nella loro totalità siano meritevoli di soccorso di tipo assistenzialistico. È razzismo ad esempio, quel che accade, come mi dicono alcuni colleghi del Veneto, in certi concorsi per notai in quella regione, in cui si registra una vittoria al 90 per cento di candidati che vengono da altre regioni. Questo è il razzismo, anche a livello istituzionale, che noi vogliamo combattere.
MARCO TARADASH. Che c'entra questo? È ridicolo!
FABIO DOSI. Per tali ragioni — e concludo — noi siamo favorevoli a questo decreto- legge e discuteremo, quando si

affronterà il merito del provvedimento, su tutti gli aspetti concreti di razzismo che vi sono in ^Italia (Applausi dei deputati del gruppo della lega nord).
PRESIDENTE. Nessun altro chiedendo di parlare, passiamo alla votazione. Indico la votazione nominale, mediante procedimento elettronico, sulla dichiarazione di esistenza dei presupposti richiesti dal- l'articolo 77 della Costituzione per l'adozione del decreto-legge n. 122 del 1993, di cui al disegno di legge di conversione n. 2576.
(Segue la votazione).
Dichiaro chiusa la votazione.
Comunico il risultato della votazione: Presenti 311 Votanti 298 Astenuti 13 Maggioranza 150 Hanno votato sì 294 Hanno votato no 4 Sono in missione 24 deputati. (La Camera approva).

XI LEGISLATURA - DISCUSSIONI - SEDUTA DELL'8 GIUGNO 1993

RESOCONTO STENOGRAFICO 193. SEDUTA DI MARTEDÌ 8 GIUGNO 1993 PRESIDENZA DEL VICEPRESIDENTE ALFREDO

BIONDI

Disegno di legge di conversione (Discussione): Conversione in legge, con modificazioni, del decreto-legge 26 aprile 1993, n. 122, recante misure urgenti in materia di discriminazione razziale, etnica e religiosa (2576) PRESIDENTE . . 14304, 14306, 14309, 14310, 14311, 14312, 14313, 14316, 14318, 14319, 14321, 14324, 14325 BINETTI VINCENZO, Sottosegretario di Stato per la giustizia 14306,14324 CARADONNA GIULIO (gruppo MSI-destra nazionale) 14309 GASPARI REMO (gruppo DC), Relatore. 14304, 14321 MACERATINI GIULIO (gruppo MSI-destra nazionale) 14319 MARTUCCI ALFONSO (gruppo liberale). . 14316 SENESE SALVATORE (gruppo PDS) 14306 TARADASH MARCO (gruppo federalista europeo) 14313

Discussione del disegno di legge: Conversione in legge, con modificazioni, del decreto-legge 26 aprile 1993, n. 122, recante misure urgenti in materia di discriminazione razziale, etnica e religiosa (2576).

PRESIDENTE. L'ordine del giorno reca la discussione del disegno di legge: Conversione in legge, con modificazioni, del decreto- legge 26 aprile 1993, n. 122, recante misure urgenti in materia di discriminazione razzia- le, etnica e religiosa. Ricordo che nella seduta del 27 maggio scorso la Camera ha deliberato in senso favorevole sull'esistenza dei presupposti richiesti dal secondo comma dell'articolo 77 della Costituzione per l'adozione del decreto-legge n. 122 del 1993, di cui al disegno di legge di conversione n. 2576. Dichiaro aperta la discussione sulle linee generali. Ricordo altresì che nella seduta del 26 maggio scorso la II Commissione (Giustizia) è stata autorizzata a riferire oralmente. Informo che il presidente del gruppo parlamentare del MSI-destra nazionale ha chiesto l'ampliamento della discussione sulle linee generali senza limitazione nelle iscrizioni a parlare, ai sensi del comma 2 dell'articolo 83 del regolamento. Il relatore, onorevole Gaspari, ha facoltà di svolgere la sua relazione.

REMO GASPARI, Relatore. Signor Presi- dente, onorevoli colleghi, negli ultimi mesi abbiamo avuto il dispiacere di dover consta- tare il manifestarsi di rigurgiti di antisemitismo e di iniziative xenofobe, che hanno avuto il loro punto di forza soprattutto in Germania, ma che si sono estese anche ad altri paesi europei, assumendo un carattere di pericolosità che ha richiamato l'attenzione dei Governi interessati. Dopo aver adottato le necessarie misure di prevenzione sulla scorta delle leggi vigenti, il Governo italiano ha ritenuto di approvare un disegno di legge recante misure urgenti in materia di discriminazione razziale, etnica e religiosa, presentato a questo ramo del Parlamento il 19 dicembre 1992 e recante il n. 2061. Tale provvedimento è stato oggetto di un analitico ed approfondito esame in molte sedute della Commissione giustizia, nel corso delle quali è stata sviluppata una valutazione accurata di ogni norma. Il problema, che presenta aspetti di particolare gravità in Germania ed in altri paesi, si configura in Italia, fortunatamente attenuato rispetto a queste realtà. Evidentemente si deve tener conto del fatto che, fino a non molti anni orsono, il nostro è stato un paese di emigranti. Nel dopoguerra abbiamo regi- strato movimenti di emigrazione che hanno riguardato oltre 4 milioni di giovani italiani; emigrazioni dal sud verso il nord, in tutti i paesi dell'Europa e anche oltre oceano. Credo, quindi, che in Italia vi sia una condizione particolare, che va sottolineata, di comprensione dei problemi delle altre razze che affluiscono nel nostro paese. Anche nei confronti dell'antisemitismo la posizione italiana è sempre stata una posizione non orientata secondo regole in altre epoche coattivamente imposte anche in Italia. Il nostro paese è portato naturalmente alla convivenza con tutte le razze, che possono comporre una comunità nazionale; noi sentiamo che l'avvenire di tutti popoli d'Europa è orientato alla formazione di comunità nazionali multirazziali. Questi fenomeni, che hanno assunto carattere di particolare gravità in altri stati, in Italia si sono manifestati — dicevo — in misura più attenuata ed hanno trovato la pronta azione del Governo, che ha saputo intervenire sulla scorta delle leggi vigenti — ovviamente soprattutto con un'opera di prevenzione — per evitare il verificarsi di fatti gravi che colpiscono profondamente l'opinione pubblica. Tuttavia, le esperienze maturate a seguito di determinati avvenimenti hanno dimostrato che la legislazione vigente era insufficiente a garantire sia la necessaria opera di prevenzione, sia la punizione degli atti commessi. Si trattava, infatti, di una legislazione in parte superata dai tempi e dalle dimensioni del fenomeno, in parte dispersa in una serie di norme che, all'atto pratico, diventa- vano di difficile applicazione. Per questa ragione il Governo nel dicembre scorso ha presentato il disegno di legge che ho ricordato, che innova e introduce norme che si collocano in qualche modo a latere della precedente legislazione. Il lavoro approfondito svolto in

Commissione ha fatto emergere la necessità, anche ai fini applicativi, di rendere la legislazione meno dispersiva e più concentrata. In quella sede si è ritenuto pertanto opportuno lavo- rare soprattutto su una legge adottata dal nostro paese sulla scorta di una convenzione internazionale, che ha disciplinato la mate- ria in modo abbastanza soddisfacente. La Commissione ha deciso dunque di apportare modifiche alla legge n. 654 del 1975 anziché creare una nuova legislazione a latere che avrebbe accresciuto il carattere dispersivo della normativa vigente. L'orientamento emerso in Commissione ha trovato successivamente accoglimento nel provvedimento urgente che il Governo ha emanato il 26 aprile 1993: il decreto-legge n. 122, del quale oggi siamo chiamati ad occuparci. Il provvedimento, così come predisposto dal Governo, ha recepito le osservazioni che erano emerse in Commissione a proposito del disegno di legge. Ha recepito, inoltre, una serie di emendamenti elaborati in sede di Commissione, volti anch'essi a migliorare il testo del disegno di legge ed a rendere più efficaci le misure adottate. Nel corso dell'esame del decreto-legge n. 122, la Commissione si è trovata di fronte a due gruppi di emendamenti, uno dei quali mirava ad estendere le misure preventive previste dal provvedimento ad una miriade di altri casi riscontrabili nella società moderna, che non hanno per altro riferimento diretto alle fattispecie che volevamo colpire, cioè le nuove violenze e gli atti di xenofobia perpetrati nei confronti di persone delle etnie oggi presenti in Europa, e provenienti da paesi esteri, nonché gli atti dettati dall'antisemitismo di alcune ristrette frange presenti soprattutto in Germania, ma anche nel nostro paese. A tale proposito, ricordo che qualche episodio molto grave è stato registrato a Roma, in tempi diversi.
La Commissione, dopo un esame approfondito di tali emendamenti, ha ritenuto di non modificare l'obiettivo del decreto-legge, consistente nel disciplinare un fenomeno di

attualità per il quale si era rilevata una pericolosità particolare che andava repressa e circoscritta. È parso che l'estensione della tutela ad altri casi, forse meritevoli di considerazione, avrebbe potuto attenuare la specificità del provvedimento e l'obiettivo preciso che si voleva conseguire. La Commissione, quindi, a maggioranza, ha ritenuto di seguire la linea tracciata dal Governo con il decreto- legge, respingendo l'ipotesi di estensione della normativa ai conflitti sociali, all'odio di classe e via dicendo. L'indirizzo della Commissione è stato preciso: mantenersi nel filone di tutela delineato dal decreto-legge proprio per dare maggiore incisività all'azione che magistratura e forze di polizia sono chiamate ad esplicare nell'interesse delle categorie che intendiamo proteggere. La Commissione, ha poi condotto un'attenta analisi dei contenuti del decreto-legge in particolare per quanto riguarda la prevenzione, a proposito della quale si è cercato di consentire alle forze di polizia tutto quel che sembra giusto e ragionevole, limitando tuttavia la portata di determinate misure che potrebbero essere utilizzate anche oltre il necessario. Si è dunque cercato di oggettivizzare meglio le norme, al fine di limitare la soggettiva interpretazione di chi è chiamato ad applicarle. Per quanto riguarda la parte sostanziale e penale, si sono considerati opportuni alcuni miglioramenti e attenuazioni della normativa, ritenendo che occorra, sì, colpire, ma con saggezza, in maniera da non andare oltre certi principi di carattere generale che informano la legislazione penale. Anche per quanto concerne la parte procedurale si è ritenuto opportuno e necessario mantenere una serie di norme particolari, cercando comunque di tutelare l'interesse dei terzi nel senso di limitare il disagio che può derivare da talune norme (tipico quello del sequestro dell'immobile del quale si ha motivo di ritenere che l'au- tore del reato si sia avvalso come sede), in maniera che l'interesse dei terzi non colpe- voli non sia gravemente pregiudicato dall'attività di pochi irresponsabili che seguono

indirizzi assolutamente inaccettabili. Nel complesso, il lavoro della Commissione ha contribuito a migliorare su tutti i piani considerati (della prevenzione, del diritto sostanziale e penale e della parte procedurale) il testo del decreto-legge, testo che, a giudizio della maggioranza della Commissione — una larghissima maggioranza —, sembra affrontare e risolvere in maniera adeguata i problemi che purtroppo, proprio nella scorsa settimana, si sono drammaticamente acutizzati in Germania e tuttora creano preoccupazioni che non possono non interessare tutte le comunità, europee e d'oltre oceano, compresa quella italiana per le ben note condizioni economiche del nostro paese. Pertanto, la Commissione si augura che il provvedimento ottenga il consenso dell'Assemblea e possa rapidamente essere trasmesso al Senato per diventare finalmente legge dello Stato così da garantire un modo d'essere importante per la nostra comunità nazionale, che interessa in modo particolare il nostro paese, che prima di diventare terra di immigrazione è stato, per tanti anni, terra di emigranti.
PRESIDENTE. Ha facoltà di parlare il rappresentante del Governo.
VINCENZO BINETTI, Sottosegretario di Stato per la giustizia. Il Governo si riserva di intervenire in sede di replica.
PRESIDENTE. Il primo iscritto a parlare è l'onorevole Senese. Ne ha facoltà.
SALVATORE SENESE. Signor Presidente, onorevoli colleghi, noi conveniamo con l'affermazione del relatore che il provvedimento al nostro esame si fa carico di problemi reali emersi o riemersi con grande drammaticità in questi ultimi tempi; infatti, il riesplodere dei razzismi, dei particolarismi, e più in generale dell'intolleranza nei confronti del diverso — che spesso, anche se non sempre, è il più debole — è oggi un dato che connota tristemente questo angolo del mondo che è la nostra Europa.
Il provvedimento — dicevo — si fa carico di questi problemi,

ma offre una risposta in termini puramente repressivi. E non è l'unica risposta possibile. Voglio dire che esistono esempi di legislazione antirazzista, in particolare quella della Gran Bretagna, che si muovono su altri terreni, quali quelli che, con una certa approssimazione, possono definirsi dell'educazione e delle azioni positive di una politica antirazzista. Faccio questo riferimento perché alle esigenze può essere necessaria una risposta repressiva, ma essa deve accompagnarsi anche a risposte di altra natura, tra le quali, essenziale, una politica sociale volta a rimuovere le condizioni di disagio ed emarginazione di determinati gruppi sociali, che spesso inducono o alimentano atteggiamenti razzistici. Ed è questa l'esigenza che segnalo al Governo. Certo, anche la repressione è necessaria, ma sempre nel rispetto di canoni fondamentali, di tutti i canoni che regolano questa sfera molto delicata della vita statuale, che è la sfera penale. La moltiplicazione delle fattispecie, la frammentazione delle norme, l'accavallarsi delle previsioni penali sono un fattore di disordine, così come anche la sproporzione delle pene o una grande distanza tra le previsioni di reato e il bene offeso. Non nego che su questi punti, sui quali l'originario provvedimento del Governo — il disegno di legge del quale ha fatto menzione il relatore — presentava gravissimi difetti, sia stato fatto un progresso; un progresso è stato fatto nel passaggio dal disegno di legge al decreto-legge e un qualche progresso si è avuto anche in Commissione lavorando sulle norme del decreto-legge. Ma non posso nascondere che restano ancora limiti pesanti che gravano su questo provvedimento. Innanzi tutto — lo dico con grande franchezza — le pene sembrano eccessivamente elevate rispetto alle previsioni di reato, che sono previsioni di reati cosiddetti d'opinione. Intendiamoci bene. Sono consapevole che a fronte della tutela di beni fondamentali, che sono stati lesi in maniera intollerabile in tragiche esperienze storiche, lo stesso pensiero garantista, la stessa normazione internazionale, ammette che si possa colpire la manifestazione del pensiero: tipica la convenzione sul genocidio, che punisce anche l'apologia del genocidio. Sono inoltre consapevole che la giurisprudenza della nostra Corte costituzionale ha provveduto comunque a ridurre i casi di apologia in fattispecie che stanno a ridosso dell'istigazione, il che costituisce già un correttivo. Non posso tuttavia nascondermi il disagio dinanzi all'unificazione in una sola fattispecie di reato (e quindi dinanzi all'unificazione rispetto alla previsione di pena) di comportamenti che sono diversi, come la predicazione razzista e l'incitamento alla violenza per motivi razzistici. Mi pare che, sul piano della pericolosità, chi inciti alla violenza per ragioni razziste sia certamente più pericolo- so di chi predichi deplorevolmente, punibilmente, la superiorità di una razza sulle altre. Vi è poi una mancata previsione di fatti- specie concrete di discriminazione. Il decreto-legge punisce chiunque predichi la superiorità razziale o inciti a sostenere queste idee. Ma quando si verifica concretamente un fatto di discriminazione razziale — ad esempio, dinanzi al commerciante che espone il cartello «In questo negozio non sono ammessi i cani e gli ebrei» — il provvedimento non offre risposta. Le legislazioni antirazziste dei paesi europei si preoccupano invece di cominciare già da qui e di prevedere fattispecie di discriminazione attuate da parte di pubblici ufficiali, da parte di incaricati di pubblico servizio, da parte di esercenti di arti o professioni. Ho parlato delle pene elevate. Non mi sfugge che le pene elevate esistevano già nella legge n. 654 del 1975 che dà attuazione alla convenzione internazionale contro le forme di discriminazione razziale. Però voglio dire subito che il dovere sul piano internazionale di applicare quella convenzione non comportava affatto il dovere di scegliere quel tipo di pena elevata. La convenzione obbliga gli Stati semplicemente a perseguire come delitti determinati comportamenti, ma non anche ad applicare certe misure di pena. La pena alta mi preoccupa non solo dalla parte del reo, ma anche dalla parte dello Stato, perché temo che le leggi che contengono pene molto alte finiscano poi col non essere applicate, con l'essere in qualche modo rifiutate. Forse questa è una delle ragioni per cui la legge n. 654 del 1975 ha avuto così scarsa applicazione. Da una ricerca di giurisprudenza è emerso che dal 1975 ad oggi pochissime sono le pronunce in materia, mentre — ahimé — non tanto pochi, invece, sono i fatti che quella legge hanno violato. Ancora più pesante è il limite — che chiamerei congiunturale, che affligge questa legge. Cosa vuol dire «limite congiunturale»? Il relatore si è dato carico di questa obiezione, che per altro verso è stata già avanzata in Commissione, ed ha risposto, ha fornito le motivazioni della maggioranza. La legge vuole rispondere a determinati fenomeni quali oggi si manifestano nella loro contingenza, ed oggi i fenomeni più gravi hanno ad oggetto manifestazioni di razzismo o di intolleranza etnica e così via. Io credo — vedete — che noi non possiamo, che il legislatore, più in generale, non possa, inseguire ciò che si manifesta ma debba tentare di fare uno sforzo di progettualità, cioè debba cercare di affrontare un problema, specie quando si tratta di problemi di questa natura, con respiro alto. Si dovrebbe cioè cercare di capire da dove viene il male, qual è l'origine e la radice di questo male risorgente, che si ripresenta in forme diverse. E parlo di forme diverse perché, ad esempio, la legge n. 654 prevedeva discriminazioni per ragioni nazionali, etniche, razziali. Ebbene, il decreto-legge al nostro esame prende oggi in considerazione anche le discriminazioni per ragioni religiose, perché è apparso che atteggiamenti di discriminazione possono trarre origine anche da questo elemento di differenza. Restano però fuori le discriminazioni o gli incitamenti alla violenza nei confronti di gruppi identificati e stigmatizzati per differenze diverse da quelle derivanti da ragioni nazionali, razziali, etniche, religiose. Mi spiego meglio. In alcune città dell'Europa centrale, ma anche dell'Italia del nord, cominciano ad apparire gruppi di «giustizieri» — chiamiamoli così — i quali si pongono come obiettivo quello di ripulire la città dalle prostitute, dagli omosessuali, dai tossicodipendenti, ed individuano queste categorie come oggetto di azioni spesso violente, le stigmatizzano in ragione di queste loro differenze personali o sociali; lo stigma è dato dalla condizione personale o sociale che volta a volta viene individuata. Il decreto-legge è assolutamente muto rispetto a questi fenomeni. Se domani l'emergenza assumesse questo volto, o altri volti (la discriminazione dei «barboni», degli emarginati eccetera) noi ci troveremmo nella necessità di dover emanare un nuovo provvedimento, di dover ampliare queste previsioni, di inseguire le infinite forme che può assumere l'intolleranza. In realtà, gli osservatori più attenti concordano nel ritenere che il razzismo altro non è che la manifestazione più evidente, eclatante, dell'intolleranza verso chi è portatore di differenze, e concordano anche nel ritenere che questo atteggiamento nasce da un falso universalismo, che connota di universalità la propria condizione, la chiama «normalità», ne fa l'archetipo dell'Uomo, con la «u» maiuscola, o di quello che i tedeschi chiamano Mensch. Questo falso universalismo percorre la storia dell'occidente. I diritti della persona, proclamati come universali, sono stati predicati per una persona che era bianca, era maschio, era cittadino di uno Stato nazionale. Questo è il falso universalismo, ed è con esso che bisogna fare i conti. In questo scorcio di secolo, di fronte a fenomeni così gravi come quelli giustamente evocati dal relatore, non possiamo limitarci ad aggiustare una norma; dobbiamo chiederci innanzi tutto quale sia lo sfondo, quale sia il processo storico, quale siano l'ampiezza dell'orizzonte nel quale si colloca il fenomeno al quale vogliamo rispondere. L'eguaglianza (perché non dircelo) è stata intesa in senso descrittivo e non prescrittivo. Essa cioè — si è detto — vale come principio per quanti sono di fatto eguali, ma non vale più per quanti si pongono fuori dal range. Oggi è in corso un dibattito su eguaglianza e differenze, un dibattito aperto, difficile, dal quale però un punto risulta chiaro, cioè che l'eguaglianza è un valore, è un dato assiologico, non descrittivo, è un precetto che presuppone le differenze di ciascuno e serve per proteggere le differenze che rappresentano, per così dire, il tratto caratteristico della condizione umana. Solo proteggendo le differenze, attraverso il valore dell'eguaglianza, noi riusciamo ad attingere un vero universalismo. Il razzismo, l'intolleranza nascono dalla crisi di questo principio, un principio che per altro si trova affermato nitidamente nel primo comma dell'articolo 3 della Costituzione. Ed infatti uno degli emendamenti che noi abbiamo proposto, tende in qualche modo a riportare le discriminazioni a tutte quelle situazioni che il primo comma dell'articolo 3 della Costituzione descrive. Solo così la legge potrà essere rivolta al futuro come diceva Husserl e non essere soltanto una stanca e inadeguata risposta a ciò che è già avvenuto, al passato. E infine — concludo — un terzo limite grava questo provvedimento, un terzo limite che mi pare più rilevante di quello che pure finora ho segnalato, sul piano degli effetti immediati. Qual è? È il limite dell'articolo 2, nel quale per combattere le manifestazioni di razzismo si fa ricorso e si riesumano le misure di prevenzione. Noi tutti sappiamo che le misure di prevenzione sono una scorciatoia pericolosissima: intervengono là dove manca la prova piena del fatto. Le misure di prevenzione sono tributarie di una logica medievale, quella logica che diceva in atrocibus leviora indicia sufficiunt: quanto più è grave l'attentato che si vuole combattere tanto meno — secondo tale logica — deve essere sentita e rigorosa l'esigenza della prova. Vogliamo mettere questo principio medievale a base di una legislazione che vuole, invece, proiettarsi verso il futuro? Non avvertiamo noi questa contraddizione, non avvertiamo il nesso forte che lega un autentico impegno

antirazzista alla difesa di fondamentali garanzie? Anche perché
— lasciatemelo dire, cari colleghi — se noi cominciamo a dare
mano alla caduta delle garanzie, è vano ed illusorio pensare che
questo processo culturale di imbarbarimento resti circoscritto:
sarà tutta la società nel suo insieme che ne soffrirà. Ed io non
credo che oggi noi possiamo ancora incrementare il tasso poco
garantista della nostra legislazione penale e processuale penale.
Noi, anzi, abbiamo il compito contrario, di avviare cioè un
risanamento nazionale del nostro diritto penale e processuale
penale. Ecco i limiti che riscontriamo in questo provvedimento;
per superare i quali abbiamo presentato degli emendamenti.
Condividiamo la direzione di marcia ma vediamo ancora molti
«sgangheramenti» — per così dire — nel percorso. Speriamo
che la discussione e che le modificazioni che si potranno
introdurre ci consentiranno, finalmente, di aderire ad un
provvedimento le cui finalità, ripeto, condividiamo.
PRESIDENTE. È iscritto a parlare l'onorevole Caradonna. Ne
ha facoltà.
GIULIO CARADONNA. Signor Presidente, onorevoli
colleghi, non avrei preso la parola su questo provvedimento se
non vi fossi stato obbligato per ragioni di cognome, sia perché
sono storicamente uno dei vecchi del Movimento sociale
italiano, sia perché il mio nome appartiene alla storia del
fascismo * nazionale. Premetto, per evitare speculazioni, che io
sono per la più rigida condanna nei confronti di chiunque
voglia esaltare la lotta contro gli ebrei. Quindi, sia chiaro: se
prendo la parola, signori, è per evitare un falso storico che
questa Camera rischia di fare per la solita mentalità truffaldina
secondo la quale nel fascismo vi era tutto il male, al punto che
sul fascismo deve farsi ricadere la responsabilità delle leggi
contro gli ebrei, che sono del 1939. L'articolo 4 del decreto-
legge al nostro esame, illustre relatore onorevole Gaspari,
recita (e questo non c'entra niente con gli ebrei e con
l'antisemitismo in genere): «Alla stessa pena di cui al primo

comma soggiace chi pubblicamente esalta esponenti, princìpi, fatti o metodi del fascismo (...)». Allora, vorrei richiamare l'attenzione del Presidente e dell'Assemblea sulle vicende di alcuni uomini: tra questi banchi, proprio qui, insieme con mio padre, sedette un esponente del mondo ebraico, la medaglia d'oro Aldo Finzi, vicecomandante della squadriglia della Serenissima nel volo su Vienna, sottosegretario nel primo Governo Mussolini alla Presidenza del Consiglio e dell'interno, poi fucilato, perché la storia era cambiata, alle Fosse Ardeatine. Se dovessi- mo esaltare Aldo Finzi in questa Camera saremmo condannati? Vorrei ricordare un uomo che conobbi da ragazzo. Quando entrò a casa per la prima volta, mio padre mi disse: saluta il più valoroso soldato d'Italia. Si trattava del colonnello Remo Pontecorvo, comandante dei caimani del Piave nella guerra del '15-'18, comandante degli arditi a Roma, colui che, quando vi furono i funerali di Enrico Toti e la feccia di San Lorenzo voleva far scempio della salma dell'eroe nazionale, intervenne con i suoi arditi. Se dovessimo esaltare il colonnello Remo Pontecorvo commetteremmo di nuovo un reato contro gli ebrei, esalteremmo il fascismo? Cos'è questo rinverdire una vecchia legislazione contro il fascismo? Spero che il giovane deputato del partito repubblicano, che mi pare sia israelita e che si chiama Modigliani — e che non è presente in aula —, legga il mio intervento. Mi spiace dovergli ricordare che, se è vero che il fascismo commise nel 1939 quello che Richelieu definisce, più che un delitto, un errore in politica, vale a dire emettere leggi razziali, è anche vero che l'onorevole Modigliani ha potuto seguire le scuole ebraiche grazie alla legge Rocco-Mussolini del 1934, rimasta in vigore fino a tempi recenti. Fu la legge che indusse gli esponenti dell'ebraismo nel mondo a dire che l'Italia era la patria della libertà ebraica. Fu la legge per cui il rabbino capo, Sacerdoti, compì un atto mai fatto nella storia dell'ebraismo mondiale: si recò all'altare della patria e gettò nel braciere dove le donne

mettevano le fedi donate alla patria la chiave dell'Arca santa dell'ebraismo. Costanzo Ciano fu Presidente della Camera quando mio padre ne era il vicepresidente, e ciò avvenne per lungo tempo. Per quelli che si dilettano di dettagli, vorrei ricordare che l'ascensore piccolo ha ancora i montanti fatti fare per Costanzo Ciano che, malato di cuore, continuava a venire ed aveva bisogno di un ascensore che non desse scosse ...
MARCO TARADASH. Noi non ci dilettiamo di questi argomenti, Caradonna!
GIULIO CARADONNA. Ma è bene che il ritratto di Costanzo Ciano non sia esposto con quello dei disertori che all'estero intrigavano contro l'Italia! Costanzo Ciano nel 1931 inaugurò ufficialmente il museo delle tradizioni e della storia ebraica a Livorno.
PIERGIORGIO BERGONZI. Ma smettila, vergognati di quello che dici! Sei indegno di parlare qui dentro!
MARCO TARADASH. Non difendere l'indifendibile!
GIULIO CARADONNA. Ma stai zitto! Parlo perché ho diritto di parlare.
MARCO TARADASH. Non grazie a Costanzo Ciano!
PRESIDENTE. È meglio attenersi al tema.
GIULIO CARADONNA. Attiene al tema dell'ebraismo. E il generale Ovazza? Ovazza era il presi- dente della comunità ebraica di Torino, comandante dello squadrismo piemontese, fedele fino all'ultimo all'Italia e lo dico anche per i naziskin e gli impreparati che possono esservi in giro. Fedele all'Italia fino all'ultimo, fu massacrato dai tedeschi insieme con la famiglia e il suo corpo e quello dei suoi familiari furono bruciati (Commenti del deputato Taradash). Sull'argomento parlo allora anche del ministro delle finanze Jung, israelita, chiamato nel 1932 a combattere la crisi economica d'Italia; ebreo che contribuì in maniera determinante a che dagli Stati Uniti d'America, sanzioni o non sanzioni, arrivassero aiuti di ogni genere alle valorose truppe italiane in Africa. Il generale

Graziani potè sfondare ad Harar grazie ai caterpillar arrivati a Mogadiscio direttamente dagli Stati Uniti d'America, forniti dal nonno di Rockfeller e da tutta l'influenza ebraica in appoggio all'Italia che promise l'appoggio ad uno stato ebraico. Non io lo dico, ma le pubblicazioni (Commenti del deputato Taradash). Ma vai a farti pagare da Abul Abbas, che avete liberato!
PIERGIORGIO BERGONZI. Non si può fare apologia del fascismo!
PRESIDENTE. Onorevoli colleghi, il collega vuole ricordare che il fascismo ha ospitato nei suoi governi anche esponenti ebraici per dimostrare che quindi non era razzista. È un discorso un po' complicato.
GIULIO CARADONNA. Cito uomini e fatti del fascismo, quando non erano ancora state emanate le leggi antiebraiche! Solo dei sesquipedali ignoranti possono negare questa storia d'Italia, che è tutta falsificata. Non si ha il coraggio delle proprie opinioni, mio caro Presidente!
PRESIDENTE. Ma il tema è proprio quello di lottare contro le interpretazioni razzi- ste...
GIULIO CARADONNA. Il tema è quello delle leggi contro il fascismo! Qui non c'è il razzismo, c'è l'esaltazione di uomini e fatti del fascismo, caro Presidente! Parliamoci chiaro, e mi rivolgo ai democristiani, Presidente, e non a lei che è un laico; lo dico a Gaspari, se è cattolico, come credo. Io sono un cattolico osservante. Il furore contro gli ebrei, colleghi cattolici, da dove nasce? Non nasce nel Concilio di Nicea? Anche se vi erano correnti nel fascismo, come quella di Preziosi, orientate contro gli ebrei, nel complesso il fascismo fu meno ostile del mondo cattolico. Fu il concilio di Nicea che cinquecento anni fa condannò gli ebrei come popolo deicida: la persecuzione antiebraica cominciò allora. Nella messa del venerdì Santo fino al Concilio, caro Gaspari, si recitava Orate fratres prò perfidis ebreis. Erano indicati come perfidi nella messa! E chi li ha messi nei ghetti? Alle potenze cristiane

vennero date disposizioni di non dare terre agli ebrei, perché la terra era un titolo di proprietà quasi nobiliare. E il primo ghetto nel quale gli ebrei furono rinchiusi fu quello di Venezia, la Giudecca. La parola ghetto, infatti viene dal dialetto veneto: gheto era il luogo nel quale avveniva la fusione della ghisa e del ferro per i cannoni di Venezia e lì vennero rinchiusi gli ebrei. Poi furono chiusi nei ghetti da tutte le potenze cristiane su ordine della chiesa e così, per sopravvivere, svilupparono le loro attività commerciali. Il quartiere El Barrio de Santa Cruz, che tutti visitano a Siviglia, è il vecchio ghetto ed è uno dei capolavori dell'architettura...

PIERGIORGIO BERGONZI. Ed i campi di sterminio nazisti e fascisti?

GIULIO CARADONNA. Ma vai a Cuba, imbecille! È l'unico posto dove potete andare.

PRESIDENTE. La prego di non usare simili epiteti.

GIULIO CARADONNA. È ora che la smettano di parlare, questi rottami del comunismo! Solo in Italia e a Cuba sono rimasti! Ma andate a Cuba da Fidel Castro! (Commenti del deputato Bergonzi). Sta zitto quando parlo io, che ne so più di voi dei vostri fatti! State zitti!

MARTINO DORIGO. Torna nel sarcofago!

MARIA GRAZIA SESTERO GIANOTTI. Rottame!

GIULIO CARADONNA. Lasciamo andare. I marrani venivano strangolati appena convertiti alla fede religiosa perché non potessero ripensarci! Ma allora, se la chiesa si è sbagliata ed ha rivisto la sua posizione, perché prendersela con coloro che anni fa la pensavano come i cattolici! Se erano antisemiti, lo dovevano al fatto di essere cattolici. Vogliamo dire a questi signori comunisti che, tra l'altro, parlano degli ebrei, perché non si esalta il sacrificio degli ebrei caduti in Spagna contro i rossi. Mi pare che oggi siano ancora finanziati quanti hanno combattuto con i rossi nella guerra di Spagna. A prescindere dal fatto che il Papa, nell'ignoranza dei cattocomunisti

democristiani, ha elevato agli altari 37 beati, religiosi fucilati dai rossi. Ma perché non ricordiamo? È allora un ideato ricordare il capitano Biagio Abate, ebreo romano, tenente, comandante ima sezione dell'artiglieria che evitò la rotta di Guadalajara? Sì, è vero, a Guadalajara le forze nazionali vennero respinte grazie al- l'intervento dei carri pesanti forniti dall'Unione Sovietica. Un ebreo romano, medaglia d'oro al valore militare al quale va da questi banchi l'omaggio, come a tutti gli ebrei patrioti d'Italia ingiustamente colpiti dalle leggi del 1939 risolse la situazione. Il tenente Abate ebbe l'idea di portare avanti i pezzi da 65 a ridosso delle fanterie che stavano per essere travolte, colpire i carri armati russi ed evitare la rotta di Guadalajara, salvando la Spagna. Medaglia d'oro alla memoria!
PIERGIORGI BERGONZI. Con il fascista Franco fu salvata la Spagna!
GIULIO CARADONNA. Poi parlerai tu!
PRESIDENTE. È un'analisi storica un po' soggettiva...
GIULIO CARADONNA. Soggettiva è la realtà...
PRESIDENTE. Oggettiva, allora, come vuole lei.
GIULIO CARADONNA. La smentisce? Smentiamo il colonnello Morpurgo, membro di stato maggiore del corpo dei volontari di Spagna? Quella dei Morpurgo era un'illustre famiglia italiana. La sistemazione di piazza Augusto Imperatore è dovuta all'architetto Morpurgo, architetto del malfamato fascismo. Uno dei Morpurgo era un grande biologo che purtroppo dovette emigrare. Il colonnello Morpurgo, un altro fratello, membro dello stato maggiore del corpo dei volontari di Spagna, all'annuncio delle leggi razziali per le quali doveva rientrare chiese al comando l'onore di comandare il battaglione Arditi di sfondamento per l'offensiva...
MARCO TARADASH. A riprova di quanto erano fetenti quelli che vollero quelle leggi!
GIULIO CARADONNA. Fu un errore, ma lo abbiamo già

detto. Sto dimostrando per- ché fu un errore. Ma sto dimostrando, perché è un errore, che oggi si vuole a tutti i costi limitare tutto il fascismo a quel periodo (Interruzione del deputato Caprili). Dico questo per chiarezza storica. La storia è obiettività. Il colonnello Morpurgo si espose al fuoco del nemico; preferì morire per testimoniare la sua fede nell'Italia e nel sistema. Ma il battaglione d'assalto sfondò e Barcellona fu presa. Non ci fu altro da fare che dare la medaglia d'oro alla memoria ad un eroico italiano. Potremmo continuare l'elenco: dico queste cose perché restino scritte. Troppe falsità sono state affermate in questa Camera. Su troppe impostazioni di comodo si è retta la prima Repubblica. Io parlo per i posteri, perché la prima Repubblica sta morendo nell'infamia, nell'ignominia. Ricordo ancora i fratelli Minervi, inviando un saluto al ministro Minervi, il quale in Israele pubblicò un libro importantissimo Mussolini volle lo Stato di Sion. I fratelli Minervi — fatto eccezionale nell'ebraismo mondiale — erano gli unici a detenere proprietà di terre. Perché gli Estensi, non ascoltando i comandi di Santa Romana Chiesa, avevano consentito che gli ebrei detenessero proprietà terriere a Ferrara. Erano i Maerb del ghetto di Varsavia. Furono i fratelli Minervi, combattenti valorosi, ad avvicinare il tenente Italo Balbo e ad erigerlo condottiero delle forze della riscossa nazionale che in quel tempo, piaccia o meno, salvarono l'Italia dal bolscevismo. Vogliamo, a tutti i costi, dire che i fascisti furono persecutori, feroci antiebraici...?! Vorrei ricordare che due italiani hanno ricevuto il premio dei «giusti» da parte di Israele, più generosa degli antifascisti italiani che con l'antifascismo devono coprire tante porcherie, diciamoci la verità! Mi riferisco a Giorgio Perlasca, console onorario di Spagna per meriti conseguiti nella guerra civile spagnola a favore dei nazionali a Budapest, il quale, si adoperò per salvare centinaia di ebrei; e all'ambasciatore Zamboni, console generale della malfamata repubblica sociale a Salonicco. Quest'ultimo rilasciò

un'intervista nella quale dichiarò di non aver ricevuto alcuna reprimenda da parte del Governo italiano, pur avendo avuto «contrasti»...! Ricordo inoltre che Filippo Anfuso, il quale morì tra questi banchi mentre pronunciava un discorso, ricevette addirittura un elogio al processo Eichmann, il massacratore degli ebrei, per l'attività svolta, nella sua qualità di ministro della repubblica sociale, per salvare la vita degli ebrei! Vogliamo negarlo? Ci sono le sentenze! Se Anfuso ebbe dei difensori mentre era addirittura in carcere a Parigi questi erano gli ebrei di Francia! Vogliamo dimenticare che a mettere a disposizione la sala per la riunione di San Sepolcro fu l'ebreo Goldmann, e che cinque sansepolcristi erano ebrei? Tre caddero assassinati dai sovversivi nei primi tempi dello squadrismo. Mi chiedo, allora, che cosa condanniamo con questa legge? Si vuole a tutti i costi condannare il fascismo come antiebraico? Lo si vuol fare da parte di cattolici di oggi? Per carità, noi siamo con Giovanni Paolo II quando compie l'atto di umiltà di recarsi alla Sinagoga, con tutti i democristiani al seguito con lo zucchetto in testa (mi viene in mente come una fotografia). Fu un atto di umiltà per chiamare gli ebrei «fratelli maggiori»! Ci son voluti però cinque secoli, «fratelli» democristiani, se cattolici siete... Non so se lo sia il sottosegretario di Stato per la giustizia, Vincenzo Binetti? Fa parte della DC, ma nella DC tedesca vi sono anche i protestanti; quindi non è detto...
VINCENZO BINETTI, Sottosegretario di Stato per la giustizia. Io sono cattolico!
GIULIO CARADONNA. Meno male! Allora le domando...
PRESIDENTE. Onorevole Caradonna, non mi pare che tale argomento...
GIULIO CARADONNA. Domando a lei, sot-tosegretario Binetti, se ritenga giusto che oggi i cattolici dicano, visto che nel passato sono stati contro gli ebrei, che loro non c'entrano niente, e che soltanto i fascisti erano responsabili? Se il

fascismo ha avuto motivazioni per perseguitare gli ebrei nel 1939, ciò è dovuto alla spinta cattolica! Non c'è niente da fare: l'antisemitismo nasce da Santa Romana Chiesa, da quando gli ebrei vennero definiti popolo «deicida». Ci sono voluti cinque secoli per arrivare a capire — che strano il mondo! — che, in definitiva, Gesù era anche un uomo e che, oltre a vivere amando i propri simili, amava la sua patria e pianse quando ebbe la visione di Gerusalemme distrutta! Lo dico per quei cattolici che vorrebbero Gerusalemme non ebraica: Gesù pianse Gerusalemme come la sua patria, quando ebbe la visione della sua distruzione! Non si può inoltre dimenticare che anche gli apostoli erano ebrei: Pietro, Paolo, i primi discepoli e i primi martiri, erano tutti ebrei! Quindi, il popolo «deicida» era quanto meno diviso. Sì, votò Barabba... Quante volte il popolo vota «Barabba», caro Presidente, lo vediamo con Tangentopoli!

PRESIDENTE. È il rischio dei referendum!

GIULIO CARADONNA. Mettiamoci una mano sulla coscienza, Presidente: lasciamolo stare il fascismo! Il giudizio sul fascismo spetta agli storici! Le risparmierò la lettura della sentenza della commissione provinciale per le sanzioni contro il fascismo, emanate nei confronti di mio padre che ebbe l'onore di ricoprire la carica di Vicepresidente vicario della Camera, prima della Camera dei fasci e delle corporazioni. C'è una sentenza che vi smentisce tutti, in cui vengono esaltate l'onestà e la rettitudine dell'avvocato Giuseppe Caradonna ed in cui viene giustificato il fatto di aver aderito al fascismo quando, vicepretore onorario di Cerignola, venne arbitrariamente arrestato dai sovversivi, dall'assessore comunale socialista e dai vigili urbani perché era in divisa da ufficiale dei granatieri il 24 maggio 1920. Sono cose che non si vogliono più ricordare; ancora oggi ve ne uscite con questa sentenza: «Morte al fascismo». Forse è l'ultima volta che commettete questo falso storico, mentre l'Italia non ha più sentimenti patriottici ed il paese crolla perché manca qualsiasi senso di coesione morale. Forse è l'ultimo discorso che pronuncio da questi banchi: lo pronuncio per il nome che porto, per la verità storica, per onorare quegli italiani, soprattutto israeliti, che si batterono per la patria contro il bolscevismo e per la grandezza dell'Italia (Applausi dei deputati del gruppo del MSI-destra nazionale).

PRESIDENTE. È iscritto a parlare l'onorevole Taradash. Ne ha facoltà.

MARCO TARADASH. Signor Presidente, ci troviamo di fronte ad un provvedimento che ha la forma del decreto-legge. Il nostro gruppo ha votato contro il riconoscimento dei requisiti costituzionali di questo testo perché ci sembrava davvero stravagante che misure in materia di discriminazione razziale etnica o religiosa potessero essere ritenute urgenti in relazione alla situazione del nostro paese. Non mi sembrava che in realtà questa urgenza vi fosse ed in generale mi pare che leggi che prevedano modificazione dei codici penali dovrebbero essere sottoposte al Parlamento in forma diversa. Al di là di questo, però, occorre valutare l'opportunità di misure come quelle in esame qualora non si accompagnino ad un tentativo complessivo di comprendere quello che sta succedendo e di dare risposte adeguate. Mi riesce difficile, ad esempio, comprendere come noi possiamo discutere un provvedimento che nelle intenzioni del Governo va a vantaggio degli extracomunitari, oltre che di coloro che sono vittime dell'antisemitismo, nello stesso momento in cui un altro decreto-legge firmato dagli stessi ministri propone misure contro gli stessi soggetti extracomunitari, sottraendoli all'applicazione delle normali regole dello Stato di diritto e prevedendo l'espulsione per coloro che siano soggetti ad imputazioni o siano indagati o incarcerati anche per reati di pochissimo danno sociale. Sono due cose che a mio avviso non stanno insieme. Bisogna scegliere: o la strada dell'integrazione nei diritti, o invece quella dell'aumento delle differenze e quindi anche del senso di superiorità da parte di coloro che godono dei diritti rispetto a quelli che ne sono esclusi. Per creare il razzismo sono necessari due elementi: un senso di superiorità ed uno di inferiorità. Ciò che genera tali elementi sono le leggi che tolgono diritti invece di attribuirne. Credo quindi che i due provvedimenti che ho ricordato siano contraddittori. Cercare di salvare per via di legge ciò che invece si inserisce nella società per via di pratica è uno sforzo inutile e destinato al fallimento. Non sarà l'aumentare una pena o creare una nuova fattispecie di reato ad evitare l'insorgenza di fenomeni di razzismo o di ostilità verso coloro che dalle stesse leggi sono classificati come diversi poiché ad essi non si consente di godere dei diritti di cui gli altri usufruiscono. Attendiamo ancora di vedere gli extracomunitari integrati nel nostro paese, che pagano le tasse, che hanno la residenza, che possono votare alle elezioni per il sindaco e per i consigli comunali. Cerchiamo invece di scaricare il nostro paese dal peso eccessivo dell'emigrazione attraverso norme che colpiscono a casaccio: è un comportamento sbagliato, che certamente non va nella direzione delle misure che oggi ci vengono sottoposte per cercare di evitare fenomeni violenti di discriminazione razziale, etnica o religiosa. Detto questo come premessa, ed esprimendo quindi una grande perplessità sulle reali intenzioni di questo Governo rispetto ai fenomeni che abbiamo davanti, vorrei entra- re rapidamente nel merito delle diverse disposizioni. Il decreto-legge riprende ed organizza meglio (nelle intenzioni) leggi che erano già presenti nel nostro ordinamento e che a mio parere avrebbero potuto essere rispolverate — nel senso di togliere loro la polvere che evidentemente aveva ricoperto i libri nei quali erano contenute — e riportate alla luce. Ciò avrebbe potuto essere utile per le decisioni dei magistrati e per gli atti delle forze dell'ordine. Vi sono leggi — come quella che recepisce la convenzione di New York, la n. 654 del 1975 — che sarebbero state senz'altro sufficienti, credo, ad impedire la crescita di organizzazioni e movimenti di carattere antisemita o razzista. Sarebbe bastato che le polizie italiane conoscessero queste norme e che qualche magistrato ne sollecitasse l'applicazione perché certi covi che oggi nel nostro paese si tende a chiudere non avessero neppure la possibilità di nascere. Si cerca invece di organizzare tutta la materia in un unico decreto, forse per portare alla conoscenza dei magistrati e delle forze dell'ordine le norme già esistenti. Ma si aggiunge qualcosa di più: si aumentano le pene. Condivido le preoccupazioni, già espresse in quest'aula, di chi ritiene che l'incremento delle pene non serva assolutamente a nulla se si vuole contrastare un fenomeno: quello che serve è la certezza della pena, che — come nel corso degli anni abbiamo verificato — non è affatto garantita. Non serve minacciare a voce più alta quando vi sia un'abitudine consolidata a non far seguire le azioni alla minaccia. Oltre tutto pene tanto elevate rispetto a reati disomogenei finiscono anche per creare difficoltà di applicazione. È già stato notato: riesce arduo comprendere come possano essere riunite nella fattispecie di imo stesso tipo di reato e nel medesimo quadro di pene le ipotesi di diffusione di idee e quella di istigazione alla violenza o all'omicidio: sono fattispecie diverse che meriterebbero una differente trattazione. Le disposizioni di prevenzione, oltre ad essere pericolose di per sè, possono anche essere troppo largamente utilizzate a seconda delle circostanze. In questo paese, fra l'altro, non abbiamo ancora ben capito verso quale periodo politico ci avviamo. Nell'articolo 2, per esempio, si prevedono misure nei confronti di coloro che «compiano atti obiettivamente rilevanti in ragione dei quali debba ritenersi che facciano parte delle organizzazioni ...». Mi sembrano formule veramente pericolose, che si prestano a qualsiasi arbitrio e che possono legalmente consentire l'applicazione di disposizioni di prevenzione un po' a mezzo mondo. Chi è, infatti, che «deve ritenersi» far parte di organizzazioni o di altri gruppi? O le persone ne fanno parte o non ne fanno parte: nel primo caso scattano altre misure, ma, se manca un riscontro obiettivo per la partecipazione ad azioni che vengono colpite dalla legge, dare tutta questa possibilità di intervento alle forze di polizia mi sembra in generale pericoloso ed anche a mio parere inutile rispetto agli obiettivi del decreto. Vi sono altre questioni. L'articolo 4 introduce pene (ne ha parlato l'onorevole Caradonna, a suo modo) per chi esalti esponenti, princìpi, fatti o metodi del fascismo. Proprio in queste elezioni abbiamo visto che si è presentata la lista «Fascismo e libertà». Quale paese può prevedere pene gravissime per l'esaltazione del fascismo e al tempo stesso consentire, in piena legittimità, la presentazione di una lista denominata «Fascismo e libertà»? Allora, Caradonna, nazismo e ebraismo, da Nicea a Nietzsche; possiamo fare veramente di tutto. L'applicazione delle leggi in questo paese non ha senso rispetto alle intenzioni delle leggi stesse. Nell'articolo 5 vi sono disposizioni molto pericolose in generale e non in riferimento al fenomeno del razzismo o dell'antisemitismo. Penso all'attribuzione agli ufficiali di polizia della facoltà di perquisire immobili dove si sospetti che si svolgano riunioni di carattere razzista, senza alcun tipo di autorizzazione da parte del magistrato, neppure telefonica, in un paese dove tutti hanno il telefono cellulare e i magistrati ormai sono reperibili da qualsiasi giornalista a qualsiasi ora del giorno e della notte. È mai possibile che per l'ufficiale di polizia vi sia una deroga e che non vi sia bisogno dell'autorizzazione, magari semplicemente telefonica (non scritta, per piccione viaggiatore, per fax) del magistrato? Perché vogliamo introdurre innovazioni delle leggi Cossiga, Reale e di tutto l'armamentario che è stato (magari vi è ancora, in larga misura) nei nostri codici, e cogliere ogni occasione, magari anche quella più nobilmente motivata, per dare ulteriori poteri non contro i fascisti, i razzisti o i nazisti, ma contro tutti, poteri che di volta in volta possono essere tirati da ima parte o dall'altra, a seconda di cosa sarà l'Italia di domani o di dopodomani? All'articolo 5 credo che vi sia un errore di formulazione rispetto a quello che dovrebbe essere lo spirito della norma. Nell'esempio che ho fatto in precedenza si mettevano insieme idee e istigazione alla violenza; nell'articolo richiamato si dispone obbligatoriamente il sequestro per chi detenga esplosivi, armi oppure emblemi. Come è possibile disporre il sequestro in uguale maniera per il possesso di venti chili di tritolo e di cinque gagliardetti fascisti? Mi sembra che questo non possa rientrare nell'intenzione del legislatore. Ma nell'articolo è scritto «ovvero»...

GIULIO MACERATINI. Questa parte l'abbiamo eliminata in Commissione.

MARCO TARADASH. Però stiamo trattando anche di quanto stabilito originariamente dal decreto-legge. Evidentemente si intende che sia disposto il sequestro quando oltre alle armi si trovino anche emblemi, simboli, e si presuma quindi che vi sia un covo di violenti, di gente che pratica la violenza come strumento della sua politica razzista. Queste sono le perplessità generali che fa nascere il decreto-legge. Ripeto che sono di natura tecnica riguardo a norme una parte delle quali (ma non tutte) sono state modificate in Commissione, e politica circa le intenzioni generali del Governo sul fenomeno. Nel nostro paese, a differenza di altri — questo va sottolineato —, né contro gli extracomunitari né contro la popolazione ebraica vi sono state manifestazioni di razzismo di dimensioni così gravi da far pensare che in Italia vi siano fenomeni reali e diffusi di intolleranza e organizzazioni che realmente abbiano una presa sul territorio e si dispongano ad usare una maggiore violenza. Il rischio, tuttavia, esiste. Il nostro paese è privilegiato rispetto all'immigrazione che, nonostante ciò che alcuni dicono, è stata scarsa e soltanto dal sud; non abbiamo praticamente immigrazione dall'est e non siamo esposti, come in Germania, a centinaia di migliaia di ingressi clandestini ogni anno né abbiamo un residuo coloniale che ci imponga di accettare sul nostro territorio centinaia di migliaia di africani o, comunque, flussi provenienti da ex colonie. Siamo un paese in larga misura salvaguardato dal fenomeno in questione, almeno fino ad ora, ma non possiamo immaginare di esserlo per sempre. Ritengo, dunque, che il Governo debba preoccuparsi di creare le condizioni affinché un domani si possa affrontare l'aumento della pressione degli immigrati. Al di là delle leggi volte ad introdurre numeri chiusi o blocchi che — come sappiamo benissimo —, di fronte alla pressione demografica ed alla fame hanno pochissima efficacia, il Governo dovrebbe attrezzarsi in tema di diritti e di organizzazione sociale, affinché l'impatto della presenza degli immigrati crei il minore disagio possibile agli stessi e, di conseguenza, alle popolazioni residenti. Tra l'altro, in genere sono gli strati meno ricchi e svantaggiati che vengono chiamati a sopportare, oltre alle proprie, anche le difficoltà degli altri. I gruppi di immigrati, infatti, non vengono insediati nel centro storico, a meno che non si tratti del quartiere più devastato della città, come a Genova; generalmente, vengono relegati in periferie prive di attrezzature, servizi, scuole, senza alcuna forma di educazione civica e di assistenza adeguate ad integrarli nella società in cui vengono a trovarsi. Ho indicato quella che, a mio giudizio, è la strada maestra da seguire; poi, servono anche le leggi, anche se — a dir la verità — già ve ne erano, nel nostro paese, ancorché non applicate. Non vorrei, per altro, che attraverso leggi di polizia si ritenesse, come al solito, di poter surrogare ad un'azione che appartiene invece pienamente alla politica. La polizia non risolve i problemi sociali: e quelli dell'immigrazione e dell'intolleranza da essa derivante sono problemi sociali. Ciò vale per l'immigrazione, per la droga, per la povertà, per tutta una serie di problemi che le nostre società

— che siano governate da destra o da sinistra — tendono a risolvere attraverso la repressione piuttosto che per mezzo di interventi integrati che sappiano offrire agli individui, in quanto soggetti di diritto, quelle garanzie che vengono invece loro negate. Questa è la nostra posizione: a seconda degli emendamenti che verranno recepiti esprimeremo voto favorevole o contrario sul provvedimento nel suo complesso.
PRESIDENTE. È iscritto a parlare l'ono- revole Martucci. Ne ha facoltà.
ALFONSO MARTUCCI. Signor Presidente, onorevoli colleghi, la precarietà anche temporale del nostro mandato parlamentare mi suggerisce una considerazione che nasce dall'esperienza. Non riuscirò mai ad intendere il discorso non finalizzato. Ci troviamo in un club di pochi addetti ai lavori a scambiarci idee ed osservazioni su un provvedimento importante e sugli emendamenti che dovremo esaminare per rinnovare tra noi argomenti già esposti in Commissione nell'assenza quasi totale (diciamo pure totale) di esponenti di vari gruppi che compongono la Camera.
Sono abituato a prendere la parola per arrivare alla finalità di convincere quando non vi sia il diletto della conferenza, ma mi adeguo! Maceratini mi diceva che gli atti parlamentari hanno una loro importanza e una loro rilevanza: noi parliamo per gli atti. Speriamo allora che ci sia ancora un po' di tempo perché io mi convinca dell'utilità di parlare per gli atti. Dopo questa premessa rapidissima di me-todo, vorrei svolgere qualche osservazione che segue a quelle già espresse, sì che il silenzio e il deserto dell'aula vengano compensati dall'alto livello del dibattito che si sta sviluppando. Ho ascoltato con attenzione il relatore, il quale con la consueta chiarezza, precisione e documentazione ci ha dato tutti i termini, anche dialettici, del provvedimento. Ho ascoltato i rilievi, come sempre di ampio respiro, di diritto comparato e le osservazioni dell'onorevole Senese, nonché le puntuali considerazioni critiche di Taradash.

Apprezzo la passione affettiva e familiare con la quale l'onorevole Caradonna ha voluto, sia pure con l'entusiasmo derivante dalla sua storia personale e familiare, esprimere il concetto che anche nel periodo del vecchio regime non vi fu un antisemitismo effettivo, ma anzi vi furono medaglie d'oro e al valore; abbiamo sentito anche evocare lo stile di alcuni bollettini di guerra o di alcune rese di onore agli eroi. Il dibattito ha dunque avuto un suo tono e ne avrà ancora di più di qui a poco. Vorrei dunque, come ho detto, svolgere qualche osservazione. Certo, la ratio legis risponde all'allarme sociale che alcuni rigurgiti di violenze antirazziali hanno sollevato. In un'opera recente del professor Sgobbi, a me segnalata da un collega, si definisce il reato come rischio sociale. Alcune figure di reato vengono in evidenza non solo nel diritto naturale, nell'esigenza naturale di alcune norme, ma anche perché la società lo esige. Di qui l'adeguamento alla società. Da questo punto di vista l'apprezzamento per le iniziative legislative è anche apprezza- mento per il lavoro che i colleghi hanno svolto in Commissione giustizia attorno a questo importantissimo argomento. Tutta- via, qualche considerazione. Presidente, onorevoli colleghi, va fatta.

Innanzitutto, forse sarebbe stato necessario prevedere distinzioni più attente da un punto di vista storico ed anche sociale, perché il fenomeno che si allarga in Europa ha anche in Italia talune manifestazioni, in parte solo folcloristiche, in parte solo di sottolineatura ideologica, in altra parte di sconfinamento nella violenza. Mi domando se non sia necessario valutare la discriminazione tra i casi di semplice affermazione di un pensiero o di semplice esternazione di un sentimento che riguarda il foro interno delle persone (e in base a ciò "non potremmo naturalmente contestare a Caradonna la sua idea e la sua ricostruzione, perché nell'ambito di una sua valutazione interiore) ed i casi di esteriorizzazione dei comportamenti, che sono poi l'elemento del diritto penale e,

quindi, della norma penale. E mi domando ancora se, nell'ambito di tale esteriorizzazione dei comportamenti, alcuni ritocchi per quanto riguarda vertici di pena e valutazioni della condotta antigiuridica da punire non siano necessari. E il mio impegno a nome del gruppo liberale si muove in favore di una rivalutazione di taluni aspetti. In secondo luogo, mi rendo conto che alle volte le leggi corrispondono anche all'esigenza di soddisfare l'opinione pubblica; tuttavia, io ho esaminato attentamente, ponendole a confronto, la legislazione precedente e quella attuale. Ebbene, mi sembra che forse si sarebbe potuta evitare una estrema dilatazione. Do atto al relatore di avere posto come parametro del provvedimento in esame alcune disposizioni, in particolare quelle della legge del 13 ottobre 1975, più volte citata anche dall'onorevole Senese, per la quale non si devono richiamare grosse esperienze giuridiche per comprendere che forse in essa vi era già tutto o quasi tutto quel che vogliamo qui riscrivere e rivalutare, soprattutto se consideriamo che il tema del con- corso delle persone nel reato integra il comportamento dell'incitamento, dell'istigazione, della compartecipazione. E un confronto lodevolmente operato nel dossier curato dal Servizio studi della Camera ci dimostra che forse si sarebbe potuto evitare l'emanazione di una nuova legge, con tutti
i pesi che un intreccio di leggi e di interpretazioni può determinare. Ma tant'è: siamo ormai in una posizione di necessità riconosciuta anche da noi. Segnalo allora, nella brevità che impongo al mio intervento e nella certezza della disponibilità di un giurista qual è il collega sotto- segretario Binetti, due profili e due rilievi. Occorre evitare alcune esasperazioni; senza commento le elenco. La prima è rappresentata dall'estrema valutazione e dall'estrema dilatazione della contemplazione di aggravanti. Già in sede di discussione in Commissione espressi alcune riserve sull'aggravante dell'incitamento in pubbliche riunioni o a

mezzo stampa o con diffusione. Si, indubbiamente vi è questa manifestazione forte, ma se è un incitamento, è difficile che esso si verifichi al di fuori della pubblica riunione o al di fuori della diffusione ad un numero indeterminato di persone. Certo, può anche esserci l'incitamento in privato o nell'orecchio, ma quello riguarda più i delitti di carattere individuale.
VINCENZO BINETTI, Sottosegretario di Stato per la giustizia. In Commissione già è stato...
ALFONSO MARTUCCI. L'attento e memore sottosegretario mi suggerisce che in Commissione l'interpretazione da me data è stata già sostanzialmente accolta. In secondo luogo, per quanto riguarda l'esasperazione dei criteri delle misure preventive e delle interpretazioni di queste ultime, i paragoni con altre forme di misure preventive mi sembrano eccessivi, perché la premessa di questo mio breve intervento non era solo formale: bisogna e distinguere cioè la manifestazione dell'incitamento all'odio o alla discriminazione razziale dovuta più ad un fatto — vorrei dire — di ostentazione ideologica, di esuberante folclore giovanile, da quello che riguarda la coscienza nel senso del dolo e del dolo intenso per tale partecipazione. Allora, in questa sede dovremmo esaminare se tutte le ipotesi di prevenzione vengano mantenute come tali, con il criterio quindi della minor prova e della maggiore estensione di applicazione anche al di fuori di una prova, o se non vengano irreggimentate nella configurazione di un illecito, con la conseguenza di un giudizio di cognizione che dia maggiori garanzie per l'applicazione. In terzo luogo, mi permetto di sottolinea- re (come è stato già rilevato) che è altresì necessaria una rimeditazione — pur nella strutturazione fondamentale della legge — in ordine alla perquisizione alla quale si può procedere senza alcuna autorizzazione da parte dell'autorità giudiziaria, ed anzi addirittura con uno slittamento di quarantotto ore. Ne parlavamo prima, ne abbiamo discusso, vi ritornerà un altro collega con maggiore competenza: mi

riferisco al sequestro, alla confisca dell'immobile nel quale siano reperite armi che possano servire o che siano destinate all'uso da parte dell'associazione che discrimina o che incita alla discriminazione. Al riguardo, già in Commissione ho affermato...

GIULIO MACERATINI. È un'idea per Tangentopoli!

ALFONSO MARTUCCL È un'idea per Tangentopoli. Ma mi pare che l'idea sia già...

GIULIO MACERATINI. Potrebbe essere utile!

ALFONSO MARTUCCL Insomma, si tratta di usare un'arma. Egli la spada ed io la lingua, o le mani! Invece che «egli ha la spada ed io la lingua», dal Rigoletto...

PRESIDENTE. Nel Rigoletto non c'era la spada: «lui la lingua ed egli il pugnale»! È la visione ridotta dell'arma bianca!

ALFONSO MARTUCCL Comunque, Presi- dente, a parte ogni paragone, mi sembra che effettivamente la concezione del reato come rischio sociale possa essere da noi accettata, ma con alcune considerazioni necessarie per evitare un'applicazione retorica della legge. Voglio ora rapidamente richiamare un'altra questione. La prevenzione non va sviluppata solo in sede penale; e i fenomeni anti- sociali, quando non addirittura antigiuridici, non vanno presi in considerazione solo per la parte preventiva e punitiva. La prevenzione va sviluppata anche nel senso dell'educazione e della cultura. Ricordo all'Assemblea che la Commissione cultura, nell'esprimere parere favorevole, ha raccomandato che in sede di educazione scolastica e, in genere, di educazione culturale dei giovani si sviluppino con maggiore attenzione tutte le idee atte ad evitare la discriminazione razziale e le discriminazioni di ogni genere. Perché, come si diceva anche prima...

GIULIO CARADONNA. Cominciamo dalle' discriminazioni italiane!

ALFONSO MARTUCCL Anche quelle vanno prese in considerazione! Anche le discriminazioni tra nord e sud!

Giulio CARADONNA. E allora?
ALFONSO MARTUCCL Ma non lo gridi a me!
GIULIO CARADONNA. Volete i nomi dei democristiani i cui padri sono stati gerarchi fascisti?
ALFONSO MARTUCCL Ma non lo gridi a me, onorevole Caradonna!
Giulio CARADONNA. Ma sputate...!
PRESIDENTE. Onorevole Caradonna!
Giulio CARADONNA. Finitela di fare i pagliacci!
NICOLA COLAIANNI. Non schiamazzare!
PRESIDENTE. Onorevole Caradonna!
Giulio CARADONNA. Finitela di fare i pagliacci, avvocato!
PRESIDENTE. No, io non sono avvocato. Sono il Presidente! L'avvocato lo faccio quando ne hanno bisogno i miei clienti; che me lo chiedono e mi pagano per farlo. La prego di continuare, onorevole Martucci.
ALFONSO MARTUCCI. In definitiva, siamo tutti d'accordo che bisogna evitare ogni discriminazione: razziale, di sesso, di colore...
NICOLA COLAIANNI. E anche quelle di Caradonna!
ALFONSO MARTUCCI. E per questo — dicevamo — è necessario che tali princìpi abbiano ingresso non solo in una legge punitiva dello Stato, ma anche nella coscienza culturale e nella diffusione di tale coscienza nella scuola e tra i giovani. In tal senso, il provvedimento può essere accettato, con le modifiche alle quali noi ci accingiamo a porre mano. Daremo dunque il nostro contributo perché si abbia una legge dello Stato non eccessivamente repressiva né, a sua volta, discriminatoria, perché sarebbe un paradosso punire le discriminazioni attraverso una legge estremamente discriminatrice (Applausi dei deputati del gruppo liberale — Congratulazioni).
PRESIDENTE. È iscritto a parlare l'onorevole Maceratini. Ne ha facoltà.

GIULIO MACERATINI. Signor Presidente, onorevoli colleghi, ho potuto constatare che nel corso dell'iter del provvedimento (nato sotto forma di progetto di legge e diventato poi, mutando la sua ontologia procedurale, un decreto-legge, che oggi ci troviamo appunto ad esaminare in sede di conversione in legge) si sono ampliati gli obiettivi che il Governo si era prefisso originariamente (quando, appunto, il provvedimento aveva la forma di disegno di legge) e che intende perseguire con il decreto-legge oggi al nostro esame. C'è stato qualcosa — che poi qualcuno si incaricherà di capire: io oggi segnalo solo il fenomeno, Presidente — per cui l'ultimo atto del Governo Amato è stato il decreto-legge in esame. Al momento delle dimissioni di quell'esecutivo sembrava che l'Italia non avesse altri problemi se non questo, il più importante e da affrontare e risolvere subito. Dunque, come dicevo, il decreto-legge al nostro esame è stato l'ultimo atto del Governo Amato, emanato appunto il 26 aprile. C'è poi da domandarsi quali pressioni siano state fatte sul ministro dell'interno Mancino, visto che in realtà quel giorno è stato lui ad imporre questa misura. Qualcuno ha parlato di pressioni di ambienti interessati al provvedimento: non so, nessuno me ne ha riferito direttamente. È certo, però, che in Commissione si è manifestata la precisa volontà di ampliare la portata del decreto- legge, passando dall'originaria impostazione — che era quella di razionalizzare e rendere più efficace la legge del 1975, che recepiva una volontà espressa in sede ONU e fatta propria dall'Italia — all'inserimento nel te- sto della cosiddetta legge Scelba. Si sono quindi voluti sposare anche culturalmente due fenomeni storicamente diversi ed assolutamente non riconducibili l'uno all'altro, se non per temporanee alleanze tattiche, quali il fascismo italiano ed il nazismo tedesco. È in tale ottica che si spiega l'intervento dell'onorevole Caradonna, che ha voluto ricordare, facendo un omaggio alla storia — la storia è quella che è, piaccia o non piaccia ai poco educati «interruttori» dell'onorevole Caradonna —, che vi sono stati in Italia autorevolissimi fascisti che erano israeliti e che vi è stata una fase del fascismo, la più lunga, nella quale è stata condotta con gli ambienti israelitici una politica di alleanza, di buon vicinato, di integrazione, che non può essere contestata e che si è perseguita anche successivamente, in epoca di leggi razziali, con tutti gli atti di solidarietà compiuti da fascisti a vantaggio dei perseguitati ebrei. Questa è la storia. L'aver dunque voluto allargare alla legge Scelba la portata del decreto-legge in esame, che nell'impostazione originaria prevedeva misure contro chi persegua idee di tipo nazista o comunque aventi carattere discriminatorio tra le razze, costituisce una prevaricazione che noi giudichiamo intollerabile. Essa è peraltro inspiegabile alla luce del fatto che la legge Sceiba vige in Italia da più di quarant'anni, è stata e può essere applicata e riguarda il problema del fascismo, mentre il decreto-legge al nostro esame cerca di mischiare due fenomeni che non sono assolutamente riconducibili ad unità.

Ma questo — lo ripeto — appartiene alla discussione che si svolgerà in seno al Comitato ristretto e poi in aula. Non è infatti accettabile la sovrapposizione dei piani sui quali si muovono i due fenomeni. Ciò detto — e ricordando che il nostro gruppo ha presentato una serie di emenda- menti per migliorare e correggere il provvedimento che, altrimenti, darebbe luogo a molte e pericolose applicazioni non confor-mi alla normativa generale ed alla nostra Costituzione —, aggiungo che in materia occorre procedere con estrema cautela, per- ché si incide direttamente proprio su quel diritto di manifestazione libera del proprio pensiero che la Costituzione enuncia e difende come principio basilare. Quindi, tutte le volte che si puniscono le opinioni e non le condotte, ciò deve essere fatto con estrema cautela, per l'evidente incidenza che tali misure hanno su diritti difesi, tutelati e garantiti dalla Costituzione. Pertanto, l'articolo 1 del decreto-legge dovrebbe, a nostro avviso, essere riformulato sulla base di un nostro emendamento tendente a punire l'incitamento all'odio o al disprezzo tra le razze, dal momento che la parola «discriminazione» lascia il tempo che trova o può creare degli equivoci interpretativi, mentre il legislatore si deve preoccupare, intervenendo a tale riguardo, dell'odio e del disprezzo nei confronti delle differenze tra razze, tra religioni ed etnie. Anch'io condivido quanto è già stato detto sull'articolo 2 in ordine alle misure di prevenzione, che devono essere accolte sempre con estremo sospetto e con estrema cautela e che vengono adottate quando nei confronti del destinatario non vi siano ancora elementi di prova tali da giustificare una sua condanna, ma soltanto dei sospetti che, come è noto, potrebbero rientrare nell'ambito del- l'arbitrarietà, della discrezionalità e dell'opinabilità di chi è chiamato ad irrogare le misure di prevenzione. Ecco perché, già in Commissione, mi sono dichiarato disponi- bile a sottoporre a nuova valutazione tali aspetti. Il provvedimento contiene altre disposizioni che denotano una preoccupazione eccessiva ed alla lunga perniciosa, quella di inserire a tavolino dei rigorismi. Tenendo sempre conto del fatto che ci occupiamo di reprimere le opinioni — e che quindi ci occupiamo di delitti di opinione —, si deve far ricorso ai rigorismi con estrema cautela, anzi, se del caso, essi vanno completamente rigettati. Mi riferisco, ad esempio, alla confisca. La confisca, non il sequestro, signor Presidente, è una misura di una gravità tale da far ritornare il nostro ordinamento giuridico a soluzioni di tipo medioevale. Se, ad esempio, come abbiamo detto in Commissione, in un grattacielo venisse trovata un'arma e questa venisse collegata ad un personaggio riconducibile per fatti di opinione — perché di questo si tratta — alla materia disciplinata dal decreto-legge in esame, quell'arma non solo verrebbe sequestrata — il che è sacrosanto —, ma la sua presenza giustificherebbe anche la confisca del grattacielo. Si è dovuta perciò inserire l'espressione «nei casi più gravi»; ma si intuisce che resterebbero ampi ed inammissibili spazi di discrezionalità per il giudice. È proprio la confisca a dover essere eliminata perché questa, nella civiltà giuridica nella quale dovremmo vivere, non può colpire un bene estraneo alla condotta della persona interessata dalla sanzione; inoltre, si tratta di una misura che non trova precedenti anche per reati molto più gravi. Infatti, persino nei confronti dei mafiosi si adottano procedure totalmente diverse e la confisca non è l'effetto di una condotta, ma è soltanto la conclusione di un procedimento e il bene viene confiscato in quanto considerato provento dell'attività mafiosa. In questo caso, invece, il bene non è il provento dell'attività di disprezzo delle razze e di quant'altro contenuto nell'articolo 1 del decreto, ma è soltanto una punizione per chi, pensandola in un certo modo, pecca di fronte alla legge morale, ma anche di fronte a quella degli uomini. La confisca di un immobile può quindi essere la conseguenza di un'opinione. Credo non sia necessario spendere molte parole per evidenziare la gravità senza precedenti di questa misura, sulla quale sarà bene riflettere nuovamente. Lo stesso può dirsi per la procedibilità di ufficio in tutti i casi in cui siano applicabili queste norme. Abbiamo già ricordato, ma cogliamo l'occasione per ripeterlo, che esistono una serie di reati — ingiuria, diffamazione, minaccia semplice e così via — rispetto ai quali da sempre il legislatore ha lasciato alle parti il diritto-dovere di chiedere la punizione del colpevole. Con le norme in esame, invece, un solerte brigadiere che assista a una lite tra coniugi che si insultano, magari per la diversità di religione, potrebbe denunciarli entrambi per le ingiurie che si sono mosse reciprocamente. È evidente che una misura di questo genere è inutilmente severa e perciò, a mio avviso, potrebbe essere eliminata senza alcun danno per l'impianto complessivo della legge, ma, anzi, conferendo maggiore dignità e credibilità al nostro lavoro. Una simile norma è stata scritta con il fine di essere severi per forza, ma non ci si è resi conto che si andava incontro al ridicolo, all'eccesso che è parente stretto del ridicolo. Ciò però quando non è filtrato da un atteggiamento sufficiente- mente critico. Vi sono, poi, altre imperfezioni nel provvedimento al nostro esame. Mi riferisco, per esempio, all'introduzione delle pene accessorie. Per venire incontro alle richieste dei colleghi Modigliani e Taradash, oltre alla pena già severa — non sono il solo a dirlo — irrogata a chi commetta delitti di opinione, si possono irrogare, e quindi in molti casi ciò si verificherà, una serie di pene accessorie di tipo nuovo. Si tratta di misure che non vengono adottate neppure nei confronti dei mafiosi. Quante volte in materia di lotta alla criminalità organizzata si è auspicata la possibilità di costringere un mafioso di un quartiere di Palermo o di Catania, che l'ha sempre fatta da padrone, a raccogliere i rifiuti solidi urbani! Sarebbe una punizione assai efficace per l'atteggiamento arrogante e prepotente del capo mafioso che ha terrorizzato un quartiere e che si vedrebbe fortemente ridimensionato! Tali misure non sono state però introdotte. Si introduce, invece, sia pure con una formula cauta, come pena accessoria rispetto a quella principale, un vero e proprio lavoro forzato, pur se nobilitato dagli scopi che si intendono raggiungere. Anche a questo proposito non credo siano necessarie molte parole per esprimere la mia netta contrarietà a misure di tal genere. Già abbiamo punito severamente l'espressione di opinioni divergenti rispetto alle idee dominanti, tenuto conto che, lo ripeto, di opinioni si tratta e non di comportamenti. Aggiungere pene accessorie diverse da quelle che la legge e la Costituzione indicano mi lascia perplesso dal punto di vista costituzionale e mi vede nettamente contrario nel merito, perché mi pare che non si possa reiterare la punizione e non si possano inserire comportamenti afflittivi particolarmente umilianti per la persona quando poi tali misure afflittive non sono introdotte per reati e per criminali sicuramente più pericolosi. Credo, in

conclusione, che il confronto sarà ancora lungo in Comitato dei nove ed in Assemblea. Intendo tuttavia chiarire ufficialmente, a nome del gruppo del MSI- destra nazionale (per il quale intervengo, così come ha fatto il collega Caradonna), che non abbiamo alcun atteggiamento preconcetto nei confronti di una legge che voglia rivisitare la normativa del 1975 per colpire qualunque forma di discriminazione razziale o incitamento all'odio fra le etnie, le religioni e le razze. Da questo punto di vista, il Movimento sociale è pienamente disponibile. Non accettiamo, però, quella sovrapposizione di piani che intenderebbe portare la legge Sceiba nell'ambito e nell'alveo di questo nuovo decreto, perché ciò ci sembra storicamente, culturalmente e politicamente inaccettabile. Siamo invece disponibili a svolgere un lavoro serio nel Comitato dei nove ed in aula per una rapida approvazione di una legge che si limiti all'impostazione originaria e non travalichi i princìpi fondamentali dell'ordinamento giuridico e costituzionale in cui tutti ci riconosciamo ed in forza del quale rappresentiamo in Parlamento le rispettive forze politiche (Applausi del deputato Sospiri).
PRESIDENTE. Non vi sono altri iscritti a parlare e pertanto dichiaro chiusa la discussione sulle linee generali. Ha facoltà di replicare il relatore, onorevole Gaspari.
REMO GASPARI, Relatore. Signor Presi- dente, onorevoli colleghi, visto il ritardo rispetto ai tempi che ci eravamo prefissi mi atterrò all'invito ad essere rapido e sintetico nella replica. Tanto più che i problemi emersi nella discussione sulle linee generali erano stati in gran parte dibattuti in sede di Commissione giustizia e saranno ripresi dal Comitato dei nove; in quella sede, mi auguro si possa far tesoro delle considerazioni im- portanti e condivisibili espresse nel corso della discussione. Indubbiamente tutti noi avvertiamo come fondata l'osservazione concernente l'entità delle pene da erogare, che in alcuni casi possono sembrare veramente

eccessive. Non è estranea alla mia convinzione la preoccupazione che l'entità delle pene ottenga l'effetto contrario a quello che si vuole conseguire. Il magistrato, cioè, di fronte ad un fatto di per sé non eccessivamente grave ed alla pena edittale irrogata per quel fatto potrebbe spaventarsi e propendere per il proscioglimento anziché applicare una pena giudicata eccessiva. Si tratta di un concetto che dovremo riesaminare anche se, come ho già sostenuto nella relazione, avevamo tenuto conto di tale questione, operando talune attenuazioni rispetto al testo originario del decreto-legge. Sono state inoltre avanzate osservazioni relative alle aggravanti. Anche in ordine a tale argomento sarà necessario soffermarci ulteriormente, per approfondire i problemi già esaminati. È stato rilevato che, in genere, la misura di prevenzione scatta quando non si hanno prove vere di un reato, per cui si rischia di colpire quando, in effetti, non vi è illecito: questo è il rischio delle misure di prevenzione. Si tratta ovviamente di una materia estremamente delicata, che tale è stata definita, anche perché da ima parte abbiamo reati di opinione e dall'altra forme lievi, le quali sono però indizi di grave pericolosità in ordine ad alcuni fatti sociali, quali anche in questi giorni sono accaduti e che hanno profondamente commosso l'opinione pub- blica. Ci muoviamo, pertanto, con grande difficoltà anche nell'individuazione delle formule giuridiche atte a risolvere tali problemi, i quali indubbiamente hanno una loro gravità. Anche per quanto riguarda tale a- spetto, auspico che in sede di Comitato dei nove si possa continuare a lavorare ed a perfezionare quanto abbiamo già fatto in Commissione giustizia, migliorando, dando maggiore concretezza e minore soggettività di interpretazione alle norme che devono regolare la prevenzione. In ordine al tema di un'applicazione più ampia della normativa vigente, mi sono già soffermato in sede di relazione. Non escludo che vi siano alcune categorie sociali da aggiungere a quelle per le quali sarebbe forse opportuna una misura di prevenzione più accentuata. Vorrei tuttavia ricordare che già in Commissione giustizia ebbi modo di rilevare che il decreto-legge n. 122 ha una propria specificità che si ricollega ad un adempimento di carattere internazionale, in ordine al quale, giustamente, abbiamo inteso apportare modificazioni ed adeguare la normativa, pur rimanendo in quel campo. Estendere il provvedimento ad altri settori, pur meritevoli di tutela, condurrebbe forse ad una diminuzione del significato della legge anche nei confronti dei cittadini che avvertono il pericolo cui questa legislazione speciale vuole opporsi. Allo stesso modo, credo che estendere la normativa all'odio di classe e ai conflitti sociali sarebbe altrettanto pericoloso. D'altra parte, non dobbiamo dimenticare che nel nostro paese vi sono alcune minoranze le quali nelle loro zone rappresentano la maggioranza. È pertanto evidente che, se si perverrà ad una legislazione molto labile in ordine a tale materia, si correrà il rischio di innescare conflitti locali, i quali rappresenterebbero l'inverso di quello che si può pensare: si potrebbe verificare, cioè, addirittura la tutela di minoranze di etnia italiana in aree nelle quali le minoranze etniche sono la maggioranza della popolazione. Si tratta, quindi, di una materia molto delicata e difficile in ordine alla quale occorre muover- si con estrema prudenza. Per quanto riguarda il richiamo sollevato con intensità circa l'inopportunità di talune modifiche alla legge Sceiba, vorrei fare presente che il disegno di legge dal quale siamo partiti muove proprio da alcune modificazioni alla legge n. 152. In un secondo mo- mento, in Commissione abbiamo giusta- mente ritenuto che sarebbe stato più opportuno operare sulla legge del 1975, e il Governo ci ha seguito su questa strada. In Commissione, tuttavia, sono stati avanzati alcuni rilievi, nella maggioranza dei casi accolti, relativi a modifiche alla legge Scei- ba, i quali erano sembrati inadeguati rispetto al mutare delle situazioni. In ogni caso, ritengo che anche questo sia un argomento sul quale potremmo tornare in sede di

Comitato dei nove per riesaminare ed approfondire il problema. Vorrei ora soffermarmi su alcune osserva- zioni — a mio avviso fondate — relative al fatto che non si debba ricorrere soltanto a misure di polizia, penali e procedurali-penali per risolvere problemi come quelli che ab- biamo di fronte. Evidentemente va elaborata anche una politica sociale per impedire che si creino le tensioni che poi determinano conflitti assurdi ed allucinanti come quelli che qualche volta abbiamo di fronte. Mi auguro che si arrivi a fissare una disciplina concordata a livello europeo, in modo che possa svilupparsi, in quest'ambi- to, una politica comunitaria che tuteli ed allo stesso tempo assista gli emigranti i quali, per ragioni che gli italiani conoscono dalla pri- ma metà di questo secolo e fino a qualche decennio fa, sono costretti a percorrere il doloroso cammino che è stato seguito da milioni di italiani da sud a nord oppure verso i paesi europei o di oltre oceano. Credo quindi vi sia la necessità di affiancare alla legislazione di prevenzione, a quel- la penale ed a quella procedurale penale norme che tutelino gli immigrati e garantiscano loro condizioni di vita accettabili e quei diritti di cui ogni cittadino — anche non appartenente alla nostra comunità — deve godere nella nostra Repubblica. Ritengo per- ciò che un ordine del giorno in tal senso dovrebbe ottenere l'accettazione di tutti noi. Per quanto riguarda poi l'argomento relativo alle procedure di sequestro e di confisca, faccio notare che un sostanziale passo avanti — proprio sulla scorta di critiche più che giustificate mosse in Commissione — è stato compiuto. Potremmo tentare di precisare meglio i casi in cui la norma deve essere applicata; ritengo però che la magistratura agisca in modo ponderato e razionale e che quindi già in sede applicativa di una norma di notevole gravità come quella della confisca o del sequestro, essa valuterà le modalità dell'accaduto, il grado di pericolosità del covo che si era insediato in determinati locali, nonché il pericolo sociale collegato a tale presenza. Per ciò che concerne l'autorizzazione al sequestro e la perquisizione, abbiamo introdotto modifiche che hanno reso la normati- va più garantista; tuttavia, si potrà svolgere anche su tale argomento un utile confronto in Comitato dei nove per vedere se sia possibile migliorare ulteriormente la norma. Dobbiamo tuttavia renderci conto che il complesso del provvedimento persegue un obiettivo principale, quello di evitare che determinati fatti accadano, e tiene in considerazione che cosa succede qualora essi si verifichino. Quando il fatto accade, la responsabilità ricade immediatamente sul Governo. Dobbiamo allora renderci conto che è necessario attribuire a chi ha la responsabilità della tutela gli strumenti necessari affinché possa esercitarla. Questi strumenti in qualche caso certamente ledono princìpi garantisti che vorremmo invece mantenere pienamente vigenti; tuttavia le modalità in cui si svolgono i fatti, la loro pericolosità e la loro immediatezza richiedono strumenti efficaci affinché l'esecutivo possa attuare un'opera di prevenzione e di immediata tutela. Se noi negassimo queste misure, evidentemente ci assumeremmo una parte di responsabilità per ciò che non va nel giusto verso. Devo dire che il rappresentante del Mini- stero dell'interno si è dimostrato piuttosto rigido anche in sede di Commissione: le forze di polizia, infatti, sono preoccupate delle responsabilità che potrebbero immediatamente ricadere su di loro e per questo vogliono essere sicure di poter operare con una certa libertà. Ciò contrasterebbe però con alcuni princìpi che noi riteniamo debba- no essere garantiti. Anche su questo punto, dunque, sarà opportuno ed utile un ulteriore confronto, al fine di conciliare sia l'esigenza della garanzia, sia la necessità dell'immediata operatività e del raggiungimento degli obiettivi da noi perseguiti: mi riferisco alla pace sociale, alla sicurezza, alla necessità di evitare al nostro paese gli episodi orribili ed allucinanti verificatisi altrove.

PRESIDENTE. Ha facoltà di replicare il rappresentante del Governo.

VINCENZO BINETTI, *Sottosegretario di Stato per la giustizia.* Signor Presidente, onorevoli colleghi, la relazione e la replica del relatore, il ricco dibattito di questa mattina e la stessa discussione approfondita e prolungata svoltasi in sede di Commissione autorizzano il Governo ad una replica sintetica ed essenziale. Mi pare evidente che quello al nostro esame rappresenta un provvedimento necessario ed urgente, perché diretto a colpire in modo specifico e puntuale episodi allarmanti e preoccupanti di intolleranza e di violenza xenofoba ed antirazziale che purtroppo per- corrono l'intera Europa. I fatti di violenza estremamente inquietanti che si sono verificati nella vicina Germania ed anche gli episodi accaduti nel nostro paese, nella stessa capitale, ci inducono ad iniziative tempestive ed alla proposta di una normativa efficace. Insieme con gli altri valori fondamentali — la tutela della libera e civile convivenza, la sicurezza delle persone e dello stesso ordinamento democratico, che certamente viene posto in pericolo dal dilagare di forme di intolleranza — è in gioco anche la tutela e la difesa dei soggetti più deboli; in modo particolare, come ricordava il relatore, di tutti coloro che per motivazioni varie sono costretti ad emigrare, a recidere le radici con la loro terra di origine e ad essere presenti nel nostro paese per motivi di lavoro o per altre ragioni. Si tratta di sog- getti deboli, che vanno tutelati ed adeguatamente difesi. Il pericolo, di tanto in tanto ricorrente, di violenze e di tentazioni antisemite ed antireligiose pone in gioco lo stesso diritto di libertà e di manifestazione del pensiero, a quella giustamente correlato, che finisce così con l'essere obiettivo dell'azione di tu- tela da parte dello Stato. La normativa in discussione è sicuramente delicata. Come ho anticipato, essa deve tener conto dell'esigenza della libera manifestazione del pensiero, purché si tratti di libertà di espressione e non si traduca in atti di violenza e di intolleranza.
Fin dall'inizio si è operato uno sforzo — tutti gli interventi ne

hanno dato atto — per evitare di sovraccaricare eccessivamente il provvedimento, che si inserisce nel conte- sto, nel panorama di altre disposizioni che hanno altri ambiti di tutela omogenei e confinanti. Dobbiamo tutti evitare la tentazione di sovraccaricare il decreto-legge affidandogli compiti che vanno al di là delle sue finalità, pur utili, urgenti e necessarie. Certamente (e concordo con la preoccupazione di Senese) si tratta di una risposta dichiaratamente di tipo repressivo, che tuttavia non può e non intende esaurire l'atteggiamento del Governo sul punto. Del resto mi pare che anche recentemente il ministro Contri abbia ribadito la linea di accoglienza e di apertura verso gli immigrati, anche in dissenso da talune opposte tentazioni emerse sull'argomento in altri Stati dell'Europa. Dunque anche da ciò si desume che questo genere di risposta non vuole essere l'unico nei confronti di problemi gravi, seri, che riguardano le condizioni dei soggetti più deboli. Tuttavia una risposta bisogna pur darla; e quella repressiva non è compiuta ed esausti- va. Come ho detto prima, ce ne sono altre nel nostro ordinamento e sin dall'inizio il provvedimento si è dato il compito di restare nell'alveo della legge n. 75, di ratifica della convenzione internazionale di New York. Sostanzialmente questo binario, questo per- corso è stato osservato, salvo alcune puntualizzazioni e proposte emendative presentate in particolare dal collega Modigliani in corso d'opera. Da più parti è stato riconosciuto che il testo ha subito un progressivo migliora- mento. È definitivo? Tra breve si riunirà il Comitato dei nove e certamente alcuni a- spetti trattati in questa sede saranno oggetto di attenzione e di ulteriore approfondi- mento. Approfondiamo pure — e concludo —, ma non dimentichiamo che dal decreto- legge non emerge un volto feroce del Governo, in particolare del Ministero dell'interno, ma una preoccupazione che tiene conto di un sistema di giustizia sovraccaricato, caratterizzato da tempi lunghissimi. Tutti invochiamo la certezza della sanzione, salvo poi non ricordarci al momento opportuno che occorre anche fare in modo che vi siano norme perché la sanzione irrogata sia espiata, sia scontata e non sia invece via via disarticolata, «disossata» e sostanzialmente neutralizzata. Quello che potrebbe apparire un volto feroce del Governo in realtà trae origine dalla preoccupazione di avere strumenti d'intervento efficaci, immediati, tempestivi, che in qualche misura permettano di ovviare alla durata dei processi e ai mille formalismi che rendono il procedimento giurisdizionale penale particolarmente lungo e lento per quanto riguarda i suoi effetti. Tra l'altro l'opinione pubblica è giustamente allarmata.

Tuttavia, come ho detto in precedenza, in sede di Comitato dei nove le osservazioni che sono state fatte saranno ulteriormente approfondite. Ritengo, comunque, che sia da tutti con- divisa la necessità di pervenire ad una rapidissima approvazione del provvedimento in esame, in maniera tale da contemperare l'esigenza di garantire la sicurezza dei cittadini — e soprattutto una chiara, pronta, direi esemplare repressione dei tentativi di intolleranza e delle forme di violenza antireligiosa e antirazziale — con la giusta preoccupazione di dare una risposta repressiva penale adeguata e soprattutto rispettosa delle essenziali garanzie del diritto.

PRESIDENTE. Il seguito del dibattito è rinviato al prosieguo della seduta. Sospendo la seduta fino alle 18.

XI LEGISLATURA - DISCUSSIONI - SEDUTA DEL 10 GIUGNO 1993

RESOCONTO STENOGRAFICO
195. SEDUTA DI GIOVEDÌ 10 GIUGNO 1
PRESIDENZA DEL VICEPRESIDENTE TARCISIO GITTI
INDI DEL VICEPRESIDENTE MARIO D'ACQUISTO E DEL PRESIDENTE GIORGIO NAPOLITANO

**Disegno di legge di conversione (Seguito della discussione): Conversione in legge, con

modificazioni, del decreto-legge 26 aprile 1993, n. 122, recante misure urgenti in materia di discriminazione razziale, etnica e religiosa (2576). PRESIDENTE ... 14536, 14537, 14538, 14539, 14540, 14541 BIANCO GERARDO (gruppo DC) 14541 BOATO MARCO (gruppo dei verdi). ... 14539 COIAIANNI NICOLA (gruppo PDS) 14537 GASPARI REMO (gruppo DC), Relato- re 14536, 14537 MARONI ROBERTO (gruppo lega nord) 14536, 14541 MURMURA ANTONINO, Sottosegretario di Stato per l'interno 14536 PASETTO NICOLA (gruppo MSI-destra nazionale) 14536 PELUCANIGIO\ANNI (gruppo PDS) 14539, 14541 PIRO FRANCO (gruppo PSI) 14540 TASSI CARLO (gruppo MSI-destra nazionale) 14538, 14539

Seguito della discussione del disegno di legge: Conversione in legge, con modificazioni, del decreto-legge 26 aprile 1993, n. 122, recante misure urgenti in materia di discriminazione razziale, etnica e religiosa (2576).
PRESIDENTE. L'ordine del giorno reca il seguito della discussione del disegno di legge: Conversione in legge, con modificazioni del decreto-legge 26 aprile 1993, n. 122, recante misure urgenti in materia di discriminazione razziale, etnica e religiosa. Ricordo che nella seduta dell'8 giugno scorso si è conclusa la discussione sulle linee generali ed hanno replicato il relatore ed il rappresentante del Governo. Passiamo pertanto all'esame dell'articolo unico del disegno di legge di conversione, nel testo della Commissione. Avverto che gli emendamenti ed il subemendamento presentati sono riferiti agli

articoli del decreto-legge, nel testo risultante dalle modificazioni apportate dalla Commis- sione (per gli articoli, gli emendamenti ed il subemendamento vedi Vallegato A). Nessuno chiedendo di parlare sul complesso degli emendamenti e del subemendamento riferiti agli articoli del decreto-legge, avverto che all'articolo unico del disegno di legge di conversione, non sono stati presentati emendamenti. Qual è il parere della Commissione sugli emendamenti e sul subemendamento riferiti all'articolo 1 del decreto-legge?

REMO GASPARI, Relatore. Signor Presi- dente, esprimo parere contrario sull'emendamento Buontempo 1.15 e sul subemendamento Colaianni 0.1.21.1. Il parere è contrario anche sugli emendamenti Buon- tempo 1.19, Maceratini 1.3, Buontempo 1.18, Maceratini 1.4, Colaianni 1.1, Buon- tempo 1.16, Colaianni 1.2, Maceratini 1.5, Buontempo 1.17, Maceratini 1.6, 1.7, 1.8, 1.9, 1.10, 1.11, 1.12, 1.13 e 1.14. Raccomando all'Assemblea, infine, l'approvazione degli emendamenti 1.21 ed 1.22 della Commissione, il primo dei quali — sostitutivo del primo capoverso del comma 1 — è stato concordato e riassume il conte- nuto di molti emendamenti presentati; conseguentemente la sua approvazione potrà assorbire diversi emendamenti, a meno che non siano ritirati dai presentatori. Mi riservo di esprimere successivamente il parere sugli emendamenti riferiti ai restanti articoli del decreto-legge.

PRESIDENTE. Il Governo?

ANTONINO MURMURA, Sottosegretario di Stato per Vinterno. Il Governo accetta gli emendamenti 1.21 ed 1.22 della Commissione; quanto al resto, concorda con il relatore, riservandosi di esprimere successivamente il parere sugli emendamenti riferiti ai restanti articoli del decreto-legge.

PRESIDENTE. Passiamo alla votazione dell'emendamento Buontempo 1.15.

NICOLA PASETTO. Chiedo di parlare.

PRESIDENTE. A che titolo, onorevole Pasetto?
NICOLA PASETTO. Signor Presidente, in assenza del collega, faccio mio l'emendamento Buontempo 1.15.
PRESIDENTE. Sta bene, onorevole Pasetto. Passiamo ai voti. Pongo in votazione l'emendamento Bon- tempo 1.15, fatto proprio dall'onorevole Pasetto, non accettato dalla Commissione né dal Governo. (È respinto).
ROBERTO MARONI. Signor Presidente, a nome del gruppo della lega nord, chiedo la votazione nominale sul subemendamento Colaianni 0.1.21.1, nonché sui successivi emendamenti.
PRESIDENTE. Ne prendo atto, onorevole Maroni. Sarebbe però opportuno avanzare le richieste di votazione qualificata prima che abbiano inizio le votazioni, altrimenti i colleghi sono indotti a regolarsi di conseguenza. Passiamo alla votazione del subemendamento Colaianni 0.1.21.1. Ha chiesto di parlare per dichiarazione di voto l'onorevole Colaianni. Ne ha facoltà.
NICOLA COLAIANNI. Signor Presidente, vorrei brevemente soffermarmi sulla proposta emendativa al nostro esame: sarà l'unica sulla quale ci intratterremo, poiché per il resto è già stato compiuto un buon lavoro in Commissione. Com'è noto, con questo decreto-legge si estende la tutela prevista da una legge dello Stato, la legge n. 654 del 1975, anche alle discriminazioni e il carattere religioso. Restano però fuori da questa disciplina altre forme di discriminazione vietate dall'articolo 3 della Costituzione: quelle che riguardano il sesso, la lingua, le opinioni politiche, le condizioni personali e sociali. Con il mio subemendamento 0.1.21.1 intendiamo estendere la tutela penale con riferimento alle altre discriminazioni ricordate, che peraltro esistono nella nostra società e sono in qualche modo già punite dalle nostre leggi. Voglio ricordare ad esempio che la legge n. 903 del 1977 punisce le discriminazioni in materia di lavoro per motivi di sesso. In questo caso la pena prevista è però del tutto irrisoria:

solo l'ammenda. Compiremmo allora a nostra volta una discriminazione tra le discriminazioni per motivi religiosi, etnici e razziali, punite con l'arresto e la reclusione, come previsto dal provvedimento in esame, e quelle per motivi di sesso, per le quali è sancita soltanto l'ammenda. L'articolo 15 dello statuto dei lavoratori punisce le discriminazioni per motivi di lingua, che considera però soltanto una contravvenzione, punibile con l'arresto o con l'ammenda. Anche in questo caso vi sarebbe una disparità di trattamento. Per quanto riguarda le opinioni politiche, l'articolo 8 dello statuto dei lavoratori contempla questo tipo di discriminazione, ancora una volta configurando una contravvenzione. Si tratterebbe pertanto di un'ulteriore disparità di trattamento. Per le condizioni personali e sociali sempre l'articolo 15 dello statuto dei lavoratori punisce le discriminazioni nei confronti dei lavoratori. Crediamo si debba portare ad unità tutta la normativa, cercando di estendere le previsione contenute nel provvedimento in discussione a tutte le altre discriminazioni ricordate. Occorre tutelare le categorie oggi ugualmente discriminate. Parlo, ad esempio, degli omosessuali, dei barboni, delle prostitute, dei tossicodipendenti; una serie di persone che soffrono di discriminazioni come gli extracomunitari o gli appartenenti ad un'altra razza o religione. È questo il motivo che ci ha portato a presentare un subemendamento secondo noi molto importante, perché permette di non creare disparità di trattamento tra le tante categorie discriminate e rende possibile una traduzione penale del precetto contenuto nell'articolo 3 della Costituzione, che altrimenti rimarrebbe una norma la cui violazione è sanzionata soltanto in alcuni casi. Raccomando vivamente all'Assemblea di prendere in esame il mio subemendamento 0.1.21.1, che rende giustizia ad una serie di categorie che altrimenti finirebbero per es- sere discriminate o perché la legge prevede a loro tutela una pena inferiore a quella stabilita dal provvedimento che stiamo per approvare, o perché rimarrebbero fuori da qualsiasi tutela di carattere penale.

REMO GASPARI, Relatore. Chiedo di parlare per una precisazione.

PRESIDENTE. Ne ha facoltà.

REMO GASPARI, Relatore. Il subemendamento cui l'onorevole Colaianni si è riferito è stato oggetto di attenta considerazione da parte della Commissione, che dopo ripetuti esami è giunta alla conclusione di esprimere parere contrario. Le ragioni sono molto chiare: la normativa proposta è estremamente nebulosa e labile. Nell'applicazione giudiziaria si può e- stendere ad un'infinita serie di ipotesi, senza che si abbia la certezza del diritto. È il primo elemento fondamentale che intendo mettere in luce. In secondo luogo, tale subemendamento mira ad allargare all'infinito il provvedimento che abbiamo al nostro esame, il quale nasce da un accordo internazionale consacrato in una legge alla quale noi apportiamo delle modificazioni. Inoltre è volto a disciplinare con misure assolutamente eccezionali — e tali debbono essere ritenute — un fenomeno che in Germania ha dato luogo a vicende che hanno scosso l'intera opinione pubblica mondiale e in altri paesi si è manifestato con un certo carattere di pericolosità sociale. Anche nel nostro paese abbiamo registrato fenomeni che richiedono un'immediata repressione e quindi una disciplina mirante a conseguire tale obiettivo. Nell'ipotesi in cui estendessimo eccessiva- mente la normativa, amplieremmo l'ambito di una legislazione che è dettata da motivi specifici ed è volta ad affrontare una situazione particolare, creando tra l'altro squilibri all'interno degli stessi criteri che regolano la punibilità penale. Ripeto, quindi, che se esiste un problema del tipo sollevato dall'onorevole Colaianni esso potrà essere affrontato con calma in sede di modifica del diritto sostanziale, e non in occasione di un provvedimento che si colloca in un'ottica molto precisa. Dubito, tra l'altro, dell'ammissibilità di tale subemendamento, poiché esso

snaturerebbe completamente il provvedimento in esame e richiederebbe tra l'altro una modifica del titolo.
PRESIDENTE. Ha chiesto di parlare per dichiarazione di voto l'onorevole Tassi. Ne ha facoltà.
CARLO TASSI. Signor Presidente, prendo la parola soltanto per dire che voterò a favore del subemendamento Colaianni 0.1.21.1.
PRESIDENTE. Passiamo ai voti. Indico la votazione nominale, mediante procedimento elettronico, sul subemendamento Colaianni 0.1.21.1, non accettato dalla Commissione né dal Governo. (Segue la votazione).
Pio RAPAGNÀ. Bianco, dove sono i democristiani?
RENZO LUSETTI. Pensa ai tuoi!
Pio RAPAGNÀ. Noi ci siamo; siete voi la maggioranza!
PRESIDENTE. Dichiaro chiusa la votazione. Poiché la Camera non è in numero legale per deliberare, a norma del comma 2 del- l'articolo 47 del regolamento, rinvio la seduta di un'ora.

La seduta, sospesa alle 14,5, è riprésa alle 15,5.
PRESIDENZA DEL VICEPRESIDENTE TARCISIO GITTI
ANTONIO PAPPALARDO. Chiedo di parlare sull'ordine dei lavori.
PRESIDENTE. Onorevole Pappalardo, potrò eventualmente darle la parola successivamente alla votazione cui l'Assemblea deve ora procedere, essendo in precedenza mancato il numero legale. Indico la votazione nominale, mediante procedimento elettronico, sul subemendamento Colaianni 0.1.21.1, non accettato dal- la Commissione né dal Governo. (Segue la votazione).
Dichiaro chiusa la votazione. Poiché la Camera non in numero legale per deliberare, a norma del comma 2 del- l'articolo 47 del regolamento, rinvio la seduta di un'ora.

La seduta, sospesa alle 15,10, è ripresa alle 16,10.

PRESIDENTE. Onorevoli colleghi, dovremmo ora procedere alla votazione del subemendamento Colaianni 0.1.21.1, sul quale in precedenza è mancato il numero legale. Tuttavia, apprezzate le circostanze, riterrei opportuno rinviare il seguito del dibattito.

MARCO BOATO. No, Presidente!

GIOVANNI PELLICANI. Chiedo di parlare sull'ordine dei lavori.

PRESIDENTE. Ne ha facoltà.

GIOVANNI PELLICANI. Signor Presidente, poiché la pratica di far mancare il numero legale il giovedì pomeriggio si ripete continuamente da qualche mese, noi riteniamo che la votazione debba essere effettuata per verificare se vi sia o meno il numero legale. Chiediamo inoltre che sia reso noto, non solamente tramite i gruppi, ma anche in altre forme, l'elenco dei deputati assenti. Non possiamo accettare che il giovedì pomeriggio si determini sempre una situazione di questo genere! (Applausi dei deputati dei gruppi del PDS, di rifondazione comunista, della lega nord, dei verdi, di deputati del gruppo della DC e del deputato Tassi).

MARCO BOATO. Chiedo di parlare sull'ordine dei lavori.

PRESIDENTE. Ne ha facoltà.

MARCO BOATO. Presidente, è già successo in altre circostanze che centinaia di deputati (mi pare che ora siano presenti circa duecento colleghi: è bene che si sappia) aspettino pazientemente la ripresa della seduta dopo che è mancato il numero legale per affermare la loro presenza e la loro partecipazione ai lavori dell'Assemblea, in conformità al calendario definito ufficialmente nella Conferenza dei presidenti di gruppo con la partecipazione di tutti i gruppi parlamentari. Riteniamo inaccettabile che centinaia di deputati vengano coinvolti e travolti dal discredito che i loro colleghi assenti rovesciano sull'istituzione Parlamento facendo mancare il numero legale, e quindi facendo venire meno il calendario

dei lavori deliberato nella Conferenza dei presidenti di gruppo. Questo è il motivo per il quale le chiediamo formalmente, signor Presidente, di porre in votazione il subemendamento sul quale in precedenza è mancato il numero legale e di rendere ufficialmente noto l'elenco dei deputati presenti (Applausi dei deputati dei gruppi dei verdi e del PDS).
CARLO TASSI. Chiedo di parlare sull'ordine dei lavori.
PRESIDENTE. Ne ha facoltà.
CARLO TASSI. Signor Presidente, more solito: la «mangioranza» fa mancare il numero legale. La «mangioranza» è l'unica proprietaria, in termini matematici, del numero legale. Anche sotto il profilo per così dire geografico dell'Assemblea, si vede in quali banchi vi siano le assenze; ed è grave, Presidente, che esse si registrino proprio nei gruppi di «mangioranza». Oggi è stranamente presente il gruppo socialista, perché all'ordine del giorno vi erano le domande di autorizzazione a procedere! (Proteste dei deputati del gruppo del PSI).
FRANCO PIRO. Basta, Tassi, con questa storia! Finiscila!
CARLO TASSI. Vi do atto che siete presenti e vi lamentate anche adesso? Siete proprio diventati un partito di piagnoni! Signor Presidente, vedo che anche la lega lombarda, la nuova formazione che dal nord dovrebbe scendere con le truppe longobarde verso la capitale, caput mundi, brilla per l'assoluta mancanza dei suoi deputati. Non si può andare avanti così, signor Presidente! Da tempo ho proposto che si faccia l'elenco dei deputati presenti: una volta tanto, anzi- ché fare l'elenco dei cattivi, facciamo l'elenco dei buoni! Non è assolutamente giusto che Ferrari Marte, che è sempre presente e vota anche per due, si faccia in quattro, poveretto, o che altri deputati, anch'essi sempre presenti, siano fagocitati da persone che, evidentemente, hanno cose molto più importanti da fare, cose che potrebbero riuscire a fare meglio se si dimettessero! I primi dei non eletti sarebbero contentissimi di occupare questi banchi

e di essere presenti in quest'aula. Quindi, insisto perché abbia luogo la votazione!

FRANCO PIRO. Chiedo di parlare.

PRESIDENTE. Ne ha facoltà.

FRANCO PIRO. Presidente, noi ci rimettiamo alla sua valutazione, tuttavia concordiamo con le osservazioni dei colleghi Pellicani e Boato. È infatti assolutamente indispensabile rimarcare che effettivamente c'è ormai un meccanismo, anche nella programmazione dei lavori, che probabilmente determina calendari in cui spesso vi sono sovrapposizioni; o che comunque si assumono decisioni che di fatto impediscono alla Camera di lavorare secondo i ritmi che erano tradizionali nel corso delle varie legislature. E noi, che ci onoriamo di essere presenti in quest'aula, vogliamo aggiungere che la questione ha un forte rilievo politico, specie in un momento come questo. A qualche collega che fa battute di dubbio gusto mi permetto di ricordare una sola cosa. Per noi oggi ricorre anche un anniversario, collega Tassi, ed è bene non dimenticarlo mai, almeno per noi socialisti! Esattamente sessantanove anni fa veniva ucciso Giacomo Matteotti (Applausi dei deputati dei gruppi del PSI, della DC, del PDS, di rifondazione comunista, dei verdi e federalista europeo). Egli parlava da quei banchi! Da quei banchi denunciava malefatte, faceva il suo dovere di deputato, analizzava il bilancio dello Stato, fin quando in questo paese ci fu la possibilità di discutere della democrazia, della libertà e delle opinioni diverse l'ima dall'altra!

CARLO TASSI. Voi avete massacrato un intero paese per trent'anni!

FRANCO PIRO. Onorevole Tassi, ci sono valori e regole...

CARLO TASSI. Avete massacrato l'Italia per trent'anni!

PRESIDENTE. Onorevole Tassi! La prego!

FRANCO PIRO. Onorevole Tassi, lei non dimentichi che ci sono valori e regole per i quali coloro che si sono ispirati alla tradizione socialista (Commenti del deputato Tassi) hanno fatto di questo paese, di questa parte dell'aula, della sinistra di quest'aula, una grande bandiera di libertà e di chi ha dato la vita per dare anche a lei la possibilità di dire ciò che dice! (Applausi dei deputati dei gruppi del PSI, del PDS, di rifondazione comunista, dei verdi, federalista europeo e repubblicano). Quindi deve essere chiaro, una volta per tutte, che c'è un limite, onorevole Tassi! Ed in questo giorno, Presidente Gitti, vogliamo ricordare a noi stessi e ad ognuno che ci sono doveri nei confronti della democrazia che riguardano tutti noi! (Vivi applausi).

MASSIMO ABBATANGELO. Si sono mangiati l'Italia per trent'anni!

PRESIDENTE. Onorevole Abbatangelo, stia zitto, per favore! Voglio dire ai colleghi che sono intervenuti che la Presidenza condivide il richiamo che è stato fatto sull'assoluta necessità che sia garantita da parte di tutti i gruppi la presenza in aula, così da consentire il rispetto del calendario dei lavori. Debbo anche dirvi che la Presidenza ha allo studio (e personalmente me ne farò interprete presso il Presidente Napolitano) l'ipotesi di affrontare globalmente tale questione, adottando misure che rendano possibile anche all'esterno (per esempio, con la pubblicazione di tabulati anche per le votazioni in cui non si raggiunge il numero legale) il controllo sulla presenza dei deputati. Detto questo, però, devo far presente all'onorevole Pellicani e all'onorevole Boato, che insistono perché si ponga in votazione il subemendamento su cui è precedentemente mancato il numero legale, che non posso non rilevare che il numero legale in quest'aula è manifestamente mancante... (Proteste dei deputati dei gruppi del PDS, di rifondazione comunista e dei verdi).

PIERGIORGIO BERGONZI. NO, si vota!

PRESIDENTE. Onorevoli colleghi, lasciatemi terminare! Il numero dei deputati presenti è assolutamente insufficiente, e ad

un certo punto...
MARIDA BOLOGNESI. Vogliamo votare, Presidente!
PRESIDENTE. ... il Presidente deve arrivare all'apprezzamento delle circostanze...
GIORGIO GHEZZI. È un fatto politico! Bisogna votare!
PRESIDENTE. Onorevole Ghezzi, mi lasci parlare, per favore! A un certo momento, tenendo anche conto della seduta di domani, devo effettuare determinate valutazioni. Se non lo faccio alle 16,20, dovrò farlo alle 17,20. E questa valutazione del Presidente deve essere quindi apprezzata e rispettata. Ad ogni modo, se l'onorevole Pellicani e l'onorevole Boato, insistono, procederemo alla votazione. Chiedo loro dunque se insistano.
GIO\ANNI PELLICANI. Insisto, signor Presidente.
PRESIDENTE. Sta bene, onorevole Pellicani.
GERARDO BIANCO. Chiedo di parlare sull'ordine dei lavori.
PRESIDENTE. Ne ha facoltà.
GERARDO BIANCO. Presidente, non ho nessuna difficoltà a che ella prosegua nel senso indicato dai colleghi intervenuti, ma vorrei qui ribadire che, se responsabilità vi sono per la mancanza del numero legale, credo debbano essere equamente ripartite anche fra gruppi che hanno determinato in altri momenti, in maniera precisa, la mancanza appunto del numero legale (Applausi del deputato Piro). E credo che al riguardo non possa venire alcuna lezione da nessuna parte. Questo è avvenuto anche qualche settimana fa (Commenti). Signor Presidente, mi permetto tuttavia di osservare che ella, nella sua autonomia, aveva adottato una decisione che credo non possa essere rimessa alla sua determinazione, al di là delle sollecitazioni dei singoli parlamentari. Devo tuttavia prendere atto che ella ha cambiato orientamento, dopo aver annunziato la decisione della Presidenza (Commenti dei deputati del gruppo del PDS).
PRESIDENTE. Onorevole Bianco, le faccio presente di aver

mutato orientamento perché ho apprezzato le ragioni, esposte dai colleghi intervenuti. (Applausi dei deputati dei gruppi del PDS, di rifondazione comunista, repubblicano, dei verdi e di deputati del gruppo del PSI). Chiedo all'onorevole Maroni se insista nella richiesta di votazione nominale sul subemendamento Colaianni 0.1.21.1.
ROBERTO MARONI. Sì, signor Presidente.
PRESIDENTE. Indico la votazione nominale, mediante procedimento elettronico, sul subemendamento Colaianni 0.1.21.1, non accettato dalla Commissione né dal Governo. (Segue la votazione).
Dichiaro chiusa la votazione.
Poiché la Camera non è in numero legale per deliberare, a norma del comma 2 del- l'articolo 47 del regolamento, rinvio la seduta di un'ora.
La seduta, sospesa alle 16,25, è ripresa alle 17,25.
PRESIDENTE. Onorevoli colleghi, apprezzate le circostanze, rinvio ad altra seduta il seguito del dibattito.

XI LEGISLATURA - DISCUSSIONI - SEDUTA DEL 15 GIUGNO 1993

RESOCONTO STENOGRAFICO
198. SEDUTA DI MARTEDÌ 15 GIUGNO 1993
PRESIDENZA DEL VICEPRESIDENTE SILVANO

LABRIOLA INDI DEL PRESIDENTE GIORGIO NAPOLITANO E DEL VICEPRESIDENTE MARIO D'ACQUISTO

Disegno di legge conversione (Seguito della discussione e approvazione): Conversione in legge, con modificazioni, del decreto-legge 26 aprile 1993, n. 122, recante misure urgenti in materia di discriminazione razziale, etnica e religiosa (2576).
PRESIDENTE . . 14733, 14734, 14735, 14736, 14737, 14739, 14740, 14741, 14742, 14743, 14744, 14745, 14746, 14748, 14749, 14750, 14751, 14753, 14754, 14755 BERNI STEFANO (gruppo DC) 14755 BOATO MARCO (gruppo dei verdi) .... 14755 COLAIANNI NICOLA (gruppo PDS) 14737, 14749 FACCHIANO FERDINANDO (gruppo PSDI) 14755
GASPARI REMO (gruppo DC), Relatore 14735, 14736, 14738, 14741, 14745 LAZZATI MARCELLO (gruppo lega nord) 14754 MACERATINI GIULIO (gruppo MSI-destra nazionale) 14743, 14744, 14753 MANTOVANI RAMON (gruppo rifondazione comunista) 14746 MARTUCCI ALFONSO (gruppo liberale) . 14748 MODIGLIANI ENRICO (gruppo repubblicano) 14740, 14742, 14751 MURMURA ANTONINO, Sottosegretario di Stato per l'interno . 14735,

14737, 14739, 14741, 14745, 14746 NENNA D'ANTONIO ANNA (gruppo DC) . 14733 OLIVO ROSARIO (gruppo PSI) 14750 PASETTO NICOLA (gruppo MSI-destra nazionale) . . . 14733, 14734, 14739, 14746 SENESE SALVATORE (gruppo PDS) .... 14746 TARADASH MARCO (gruppo federalista europeo) 14750

Seguito della discussione del disegno di legge: Conversione in legge, con modificazioni, del decreto-legge 26 aprile 1993, n. 122, recante misure urgenti in mate- ria di discriminazione razziale, etnica e religiosa (2576).
PRESIDENTE. L'ordine del giorno reca il seguito della discussione del disegno di legge: Conversione in legge, con modificazioni, del decreto-legge 26 aprile 1993, n. 122, recante misure urgenti in materia di discriminazione razziale, etnica e religiosa. Ricordo che nella seduta del 10 giugno scorso sono iniziate le votazioni sugli emendamenti e sul subemendamento riferiti agli articoli del decreto legge (vedi allegato A ai resoconti della seduta del 10 giugno 1993) ed è mancato il numero legale in occasione della votazione del subemendamento Colaianni 0.1.21.1. Dobbiamo per- tanto ora procedere alla votazione.
Chiedo se la richiesta di votazione nominale sia mantenuta.
ANNANENNA D'ANTONIO. Sì signor Presidente.
PRESIDENTE. Passiamo ai voti. Indico la votazione nominale, mediante procedimento elettronico, sul subemendamento Colaianni 0.1.21.1, non accettato dalla Commissione né dal Governo. (Segue la votazione).
Dichiaro chiusa la votazione.
Comunico il risultato della votazione: la Camera respinge.
(Presenti 352 Votanti 350 Astenuti 2 Maggioranza 176 Hanno votato sì 113 Hanno votato no 237).

Indico la votazione nominale, mediante procedimento elettronico, sull'emendamento 1.21 della Commissione, accettato dal Governo. (Segue la votazione).
Dichiaro chiusa la votazione.
Comunico il risultato della votazione: la Camera approva.
(Presenti 351 Votanti 340 Astenuti 11 Maggioranza 171 Hanno votato sì 332 Hanno votato no 8).
Dichiaro così preclusi gli emendamenti Buontempo 1.19, Maceratini 1.3, Buontempo 1.18, Maceratini 1.4 e Colaianni 1.1. Passiamo alla votazione dell'emendamento Buontempo 1.16.
NICOLA PASETTO. LO faccio mio, signor Presidente.
PRESIDENTE. Sta bene, onorevole Pasetto. Passiamo ai voti.
Indico la votazione nominale, mediante procedimento elettronico, sull'emendamento Buontempo 1.16, fatto proprio dall'onorevole Pasetto, non accettato dalla Commissione né dal Governo. (Segue la votazione).
Dichiaro chiusa la votazione.
Comunico il risultato della votazione: la Camera respinge.
(Presenti e votanti 354 Maggioranza 178 Hanno votato sì 20 Hanno votato no 334).
Indico la votazione nominale, mediante procedimento elettronico, sull'emendamento Colaianni 1.2, non accettato dalla Commissione né dal Governo. (Segue la votazione).
Dichiaro chiusa la votazione.
Comunico il risultato della votazione: la Camera respinge.
(Presenti 348 Votanti 345 Astenuti 3 Maggioranza 173 Hanno votato sì 143 Hanno votato no 202).
Indico la votazione nominale, mediante procedimento elettronico, sull'emendamento Maceratini 1.5, non accettato dalla Commissione né dal Governo. (Segue la votazione).
Dichiaro chiusa la votazione.
Comunico il risultato della votazione: la Camera respinge.
Maggioranza 171 Hanno votato sì 17 Hanno votato no 323).

Passiamo alla votazione dell'emendamento Buontempo 1.17.
NICOLA PASETTO. Lo faccio mio, signor Presidente.
PRESIDENTE. Sta bene, onorevole Pasetto. Passiamo ai voti. Indico la votazione nominale, mediante procedimento elettronico, sull'emendamento Buontempo 1.7, fatto proprio dall'onorevole Pasetto, non accettato dalla Commissione né dal Governo. (Segue la votazione).
Dichiaro chiusa la votazione.
Comunico il risultato della votazione: la Camera respinge.
(Presenti e votanti 354 Maggioranza 178 Hanno votato sì 13 Hanno votato no 341).
Indico la votazione nominale, mediante procedimento elettronico, sull'emendamento Maceratini 1.6, non accettato dalla Commissione né dal Governo. (Segue la votazione).
Dichiaro chiusa la votazione.
Comunico il risultato della votazione: la Camera respinge.
(Presenti 346 Votanti 318 Astenuti 28 Maggioranza 160 Hanno votato sì 14 Hanno votato no 304).
Indico la votazione nominale, mediante procedimento elettronico, sull'emendamento 1.22, della Commissione, accettato dal Governo. (Segue la votazione).
Dichiaro chiusa la votazione.
Comunico il risultato della votazione: la Camera approva.
(Presenti e votanti 354 Maggioranza 178 Hanno votato sì 340 Hanno votato no 14).
Avverto che è stato presentato l'ulteriore emendamento 1.23 del Governo (vedi allegato A). Prego il relatore di esprimere sullo stesso il parere della Commissione.
REMO GASPARE, Relatore. La Commissione accetta l'emendamento 1.23 del Governo. Modificando il parere precedentemente espresso, la Commissione esprime poi parere favorevole sull'emendamento Maceratini 1.9.
PRESIDENTE. Il Governo?
ANTONINO MURMURA, Sottosegretario di Stato per

interno. Il Governo raccomanda l'approvazione del suo emendamento 1.23; concorda quanto al resto con il relatore.
PRESIDENTE. Passiamo ai voti.
Indico la votazione nominale, mediante procedimento elettronico, sull'emendamento Maceratini 1.7, non accettato dalla Commissione né dal Governo. (Segue la votazione).
Dichiaro chiusa la votazione.
Comunico il risultato della votazione: la Camera respinge.
(Presenti e votanti 341 Maggioranza 171 Hanno votato sì 14 Hanno votato no 327
Indico la votazione nominale, mediante procedimento elettronico, sull'emendamento Maceratini 1.8, non accettato dalla Commissione né dal Governo. (Segue la votazione).
Dichiaro chiusa la votazione.
Comunico il risultato della votazione: la Camera respinge.
(Presenti 329 Votanti 323 Astenuti 6 Maggioranza 162 Hanno votato sì 42 Hanno votato no 281).
Indico la votazione nominale, mediante procedimento elettronico, sull'emendamento Maceratini 1.9, accettato dalla Commissione e dal Governo. (Segue la votazione).
Dichiaro chiusa la votazione.
Comunico il risultato della votazione: la Camera approva.
(Presenti 338 Votanti 327 Astenuti 11 Maggioranza 164 Hanno votato sì 200 Hanno votato no 127).
Indico la votazione nominale, mediante procedimento elettronico, sull'emendamento Maceratini 1.10, non accettato dalla Commissione né dal Governo. (Segue la votazione).
Dichiaro chiusa la votazione.
Comunico il risultato della votazione: la Camera respinge.
Presenti 330 , Votanti 323
Astenuti 7 Maggioranza 162 Hanno votato sì 47 Hanno votato no 276).
Indico la votazione nominale, mediante procedimento elettronico, sull'emendamento Maceratini 1.11 non accettato

dalla Commissione né dal Governo.
(Segue la votazione).
Dichiaro chiusa la votazione.
Comunico il risultato della votazione: la Camera respinge.
(Presenti e votanti 332 Maggioranza 167 Hanno votato sì 23 Hanno votato no 309).
Indico la votazione nominale, mediante procedimento elettronico, sull'emendamento 1.23 del Governo, accettato dalla Commissione. (Segue la votazione).
Dichiaro chiusa la votazione.
Comunico il risultato della votazione: la Camera approva.
(Presenti 339 Votanti 338 Astenuti 1 Maggioranza 170 Hanno votato sì 311 Hanno votato no 27).
Indico la votazione nominale, mediante procedimento elettronico, sull'emendamento Maceratini 1.12, non accettato dalla Commissione né dal Governo.
Comunico il risultato della votazione: la Camera respinge.
(Presenti 331 Votanti 327 Astenuti 4 Maggioranza 164 Hanno votato sì 54 Hanno votato no 273).
Indico la votazione nominale, mediante procedimento elettronico, sull'emendamento Maceratini 1.13, non accettato dalla Commissione né dal Governo. (Segue la votazione).
Dichiaro chiusa la votazione.
Comunico il risultato della votazione: la Camera respinge.
(Presenti 323 Votanti 319 Astenuti 4 Maggioranza 166 Hanno votato sì 45 Hanno votato no 274).
PRESIDENTE. L'emendamento Maceratini 1.14 è precluso a seguito della reiezione dell'emendamento Maceratini 1.5. Prego l'onorevole relatore di esprimere il parere della Commissione sugli emendamenti riferiti all'articolo 2 del decreto-legge.
REMO GASPARI, Relatore. A questo punto si pone una questione di principio, che va immediatamente chiarita: la Commissione si è pronunciata all'unanimità a favore di una modifica sostanziale dell'articolo 2, nel senso che le misure di

prevenzione previste sono state trasformate in precise ipotesi penali. Il Governo chiede, attraverso un proprio emendamento, il ripristino del precedente testo, ma la Commissione ha espresso un avviso unanime e contrario ed il relatore non può non ribadirlo. Conseguentemente esprimo parere contrario all'emendamento Maceratini 2.4, favorevole all'emendamento Senese 2.1, contrario agli emenamenti Buontempo 2.9, Maceratini 2.5, Buontempo 2.10 e favorevole agli identici emendamenti Senese 2.2 e Maceratini 2.6; contrario all'emendamento Maceratini 2.7, favorevole all'emendamento Senese 2.3 e contrario al- l'emendamento Maceratini 2.8. Presidente, modificando il parere appena formulato sull'emendamento Maceratini 2.7, che è collegato ad altro emendamento dell'onorevole Maceratini su cui la Commissione aveva espresso parere favorevole, approvato poco fa, esprimo il parere favorevole della Commissione. Mi riservo di esprimere successivamente il parere sui restanti emendamenti.

PRESIDENTE. Qual è il parere del Governo?

ANTONINO MURMURA, Sottosegretario di Stato per interno. Signor Presidente, il Governo concorda con il parere espresso dal relatore su tutti gli emendamenti presentati, tranne che per l'emendamento Senese 2.1. Il Governo infatti ritiene che la trasformazione della misura di prevenzione in norma immediatamente precettiva costituisca un vulnus al provvedimento così come inteso, costruito e realizzato dal Governo stesso. Riteniamo infatti che la misura di prevenzione sia la più idonea — e avvenimenti recenti lo hanno dimostrato — ad evitare incriminazioni e soprattutto a permettere un clima più disteso per la regolamentazione di queste manifestazioni. Per i motivi detti, il Governo insiste affinché il testo rimanga quello del decreto- legge, esprimendo quindi parere contrario sull'emendamento Senese 2.1, anche se esso è stato valutato positivamente in Commissione. Anch'io mi riservo di esprimere successivamente il parere sui restanti emendamenti.

PRESIDENTE. Passiamo ai voti. Indico la votazione nominale, mediante procedimento elettronico, sull'emendamento Maceratini 2.4, non accettato dalla Commissione né dal Governo.
Dichiaro chiusa la votazione.
Comunico il risultato della votazione: la Camera respinge.
(Presenti e votanti 332 Maggioranza 167 Hanno votato sì 12 Hanno votato no 320)
Passiamo alla votazione dell'emendamento Senese 2.1. Ha chiesto di parlare per dichiarazione di voto l'onorevole Colaianni. Ne ha facoltà.
NICOLA COLAIANNI. Signor Presidente, vorrei spendere due parole per confermare il parere unanime che la Commissione — quindi compresa la maggioranza che sostiene il Governo — ha ritenuto di esprimere sull'emendamento Senese 2.1. Si tratta di passare da una misura di prevenzione, e cioè da una misura di polizia, che si applica sulla base del semplice sospetto, alla previsione di un vero e proprio reato, che dev'essere accertato con l'acquisizione delle prove nel dibattimento. Noi crediamo che sia una scelta di civiltà quella di contrastare il fenomeno delle discriminazioni razziali, etniche e religiose attraverso una cognizione piena, che può essere assicurata solo dal dibattimento. Riteniamo invece opportuno accantonare una scelta come quella delle misure di prevenzione, che appartiene al passato dell'inciviltà giuridica e che ci sorprende che il Governo voglia ancora riproporre, nonostante il parere positivo espresso unanimamente dalla Commissione sull'emendamento Senese 2.1.
PRESIDENTE. Passiamo ai voti. Indico la votazione nominale, mediante procedimento elettronico, sull'emendamento Senese 2.1, accettato dalla Commissione e non accettato dal Governo.
(Segue la votazione).
Dichiaro chiusa la votazione.
Comunico il risultato della votazione: la Camera approva.

(Presenti 330 Votanti 322 Astenuti 8 Maggioranza 162 Hanno votato sì 284 Hanno votato no 38)

Gli emendamenti Buontempo 2.9, Maceratini 2.5 e Buontempo 2.10 sono così preclusi.

Indico la votazione nominale, mediante procedimento elettronico, sugli identici emendamenti Senese 2.2 e Maceratini 2.6, accettati dalla Commissione e dal Governo. (Segue la votazione).

Dichiaro chiusa la votazione.

Comunico il risultato della votazione: la Camera approva. «(Presenti 327 Votanti 325 Astenuti 2 Maggioranza 163 Hanno votato sì 318 Hanno votato no 7)

Indico la votazione nominale, mediante procedimento elettronico, sull'emendamento Maceratini 2.7, accettato dalla Commissione e dal Governo. (Segue la votazione).

Dichiaro chiusa la votazione.

Comunico il risultato della votazione: la Camera approva.

(Presenti 315 Votanti 306 Astenuti 9 Maggioranza 154 Hanno votato sì 289 Hanno votato no 17)

Computando il Presidente, la Camera è in numero legale.

Indico la votazione nominale, mediante procedimento elettronico, sull'emendamento Senese 2.3, accettato dalla Commissione e dal Governo. (Segue la votazione).

Dichiaro chiusa la votazione.

Comunico il risultato della votazione: la Camera approva.

(Presenti 326 Votanti 324 Astenuti 2 Maggioranza 163 Hanno votato sì 323 Hanno votato no 1)

Indico la votazione nominale, mediante procedimento elettronico, sull'emendamento Maceratini 2.8, non accettato dalla Commissione né dal Governo. (Segue la votazione).

Dichiaro chiusa la votazione.

Comunico il risultato della votazione: la Camera respinge.

(Presenti 330 Votanti 327) Astenuti 3 Maggioranza 164 Hanno votato sì 64 Hanno votato no 263)

Avverto che il Governo ha presentato l'ulteriore subemendamento 0.5.10.1 (vedi l'al- legato A). Prego il relatore di esprimere il parere della Commissione sugli emendamenti e sul subemendamento riferiti agli articoli 3, 4, 5, 6, 7 e 8.

REMO GASPARI, Relatore. Signor Presidente, la Commissione esprime parere contrario sugli emendamenti Maceratini 3.1 Buontempo 3.4 e Maceratini 3.2. Raccomanda l'approvazione dell'emendamento 3.6 della Commissione ed esprime parere contrario sugli identici emendamenti Maceratini 3.3 e Lazzati 3.5. Per quanto riguarda gli emendamenti riferiti all'articolo 4, la Commissione esprime parere contrario sugli identici emendamenti Maceratini 4.1 e Lazzati 4.5, nonché sugli emendamenti Maceratini 4.2 e Modigliani 4.3 e 4.4. La Commissione è contraria all'emendamento Maceratini 5.1 e accetta invece il subemendamento 0.5.10.1 del Governo, riferito all'emendamento 5.10 della Commissione, del quale raccomando l'approvazione. Esprimo parere contrario sugli emendamenti Maceratini 5.2 e 5.3, Lazzati 5.9, Maceratini 5.4, Modigliani 5.7 e Maceratini 5.5 e 5.6, tutti preclusi dall'eventuale approvazione dell'emendamento 5.10 della Commissione, sostitutivo dell'articolo 5, che è stato approvato all'unanimità dalla Commissione. Per quanto concerne gli emendamenti ri- feriti all'articolo 6, esprimo parere contrario sugli emendamenti Maceratini 6.1, 6.2 e 6.3, Modigliani 6.7, Maceratini 6.4, 6.5 e 6.6, nonché Modigliani 6.8. Il parere è contrario sull'emendamento Maceratini 7.1. La Commissione raccomanda all'Assemblea l'approvazione del suo emendamento 7.6. Per quanto riguarda l'emendamento Maceratini 7.2, collegato ad altri emendamenti che abbiamo precedentemente votato e che contenevano ugualmente il riferimento alla legge Sceiba (che abbiamo deciso di escludere da questa normativa, che ha una diversa natura), la Commissione esprime parere favorevole. H parere è infine contrario sugli emendamenti Maceratini 7.3, 7.4 e 7.5, nonché

sull'emendamento Buontempo 8.1.
PRESIDENTE. Il Governo?
ANTONINO MURMURA, Sottosegretario di Stato per interno. Il Governo raccomanda all'Assemblea l'approvazione del suo subemendamento 0.5.10.1, accetta gli emenda- menti della Commissione 3.6, 5.10 e 7.6 e per il resto concorda con il parere espresso dal relatore.
PRESIDENTE. Passiamo ai voti. Indico la votazione nominale, mediante procedimento elettronico, sull'emendamento Maceratini 3.1, non accettato dalla Commissione né dal Governo. (Segue la votazione).
Dichiaro chiusa la votazione.
Comunico il risultato della votazione: la Camera respinge.
(Presenti 322 Votanti 320 Astenuti 2 Maggioranza 161 Hanno votato sì 47 Hanno votato no 273)
Passiamo alla votazione dell'emendamento Buontempo 3.4.
NICOLA PASETTO. LO faccio mio, signor Presidente.
PRESIDENTE. Sta bene, onorevole Pasetto. Indico la votazione nominale, mediante procedimento elettronico, sull'emendamento Buontempo 3.4, fatto proprio dall'onorevole Pasetto, non accettato dalla Commissione né dal Governo. (Segue la votazione).
Dichiaro chiusa la votazione.
Comunico il risultato della votazione: la Camera respinge.
(Presenti e votanti 321 Maggioranza 161 Hanno votato sì 48 Hanno votato no 273)
Indico la votazione nominale, mediante procedimento elettronico, sull'emendamento Maceratini 3.2, non accettato dalla Commissione né dal Governo. (Segue la votazione).
Dichiaro chiusa la votazione.
Comunico il risultato della votazione: la Camera respinge.
(Presenti 320 Votanti 318 Astenuti 2 Maggioranza 160 Hanno votato sì 46 Hanno votato no 272)
Indico la votazione nominale, mediante procedimento

elettronico, sull'emendamento 3.6 della Commissione, accettato dal Governo. (Segue la votazione).
Dichiaro chiusa la votazione.
Comunico il risultato della votazione: la Camera approva.
(Presenti 330 Votanti 328 Astenuti 2 Maggioranza 165 Hanno votato sì 269 Hanno votato no 59)
Indico la votazione nominale, mediante procedimento elettronico, sugli identici emendamenti Maceratini 3.3 e Lazzati 3.5, non accettati dalla Commissione né dal Governo. (Segue la votazione).
Dichiaro chiusa la votazione.
Comunico il risultato della votazione: la Camera respinge.
(Presenti e votanti 328 Maggioranza 165 Hanno votato sì 79 Hanno votato no 249)
Indico la votazione nominale, mediante procedimento elettronico, sugli identici emendamenti Maceratini 4.1 e Lazzati 4.5, non accettati dalla Commissione né dal Governo.
Dichiaro chiusa la votazione.
Comunico il risultato della votazione: la Camera respinge.
(Presenti 327 Votanti 325 Astenuti 2 Maggioranza 163 Hanno votato sì 51 Hanno votato no 274)
Indico la votazione nominale, mediante procedimento elettronico, sull'emendamento Maceratini 4.2, non accettato dalla Commissione né dal Governo. (Segue la votazione).
Dichiaro chiusa la votazione.
Comunico il risultato della votazione: la Camera respinge.
(Presenti e votanti 321 Maggioranza 161 Hanno votato sì 49 Hanno votato no 272)
Passiamo all'emendamento Modigliani 4.3.
ENRICO MODIGLIANI. Lo ritiro, signor Presidente, e chiedo di parlare per motivare la mia decisione.
PRESIDENTE. Ne ha facoltà.
ENRICO MODIGLIANI. Signor Presidente, ritiro il mio emendamento 4.3 nonché il mio successivo emendamento 4.4,

perché essi erano stati presentati allo scopo di rendere sostanzialmente applicabili gli articoli 4 e 5 della cosiddetta legge Scelba, che a seguito di una sentenza della Corte costituzionale sono stati quasi completamente dimenticati nella loro applicazione pratica. Nell'ipotesi in cui tale legge fosse stata richiamata, insieme alle altre che sono entrate a far parte del provvedimento al nostro esame, e cioè la legge n. 654 e la n. 962, sarebbe stato necessario rendere applicabili quegli articoli.

Poiché la Commissione a maggioranza — personalmente mi sono astenuto — ha deciso di escludere l'esplicito riferimento alla legge Scelba da questo corpo di norme, automaticamente i miei emendamenti 4.3 e 4.4 perdono di valore e quindi li ritiro. Gli argomenti che ne costituiscono l'oggetto potranno eventualmente essere esaminati in altra sede.

PRESIDENTE. Sta bene, onorevole Modigliani. Passiamo ai voti. Indico la votazione nominale, mediante procedimento elettronico, sull'emendamento Maceratini 5.1, non accettato dalla Commissione né dal Governo. (Segue la votazione). Dichiaro chiusa la votazione.

Comunico il risultato della votazione: la Camera respinge. (Presenti 327 Votanti 324 Astenuti 3 Maggioranza 163 Hanno votato sì 28 Hanno votato no 296)

Passiamo alla votazione del subemendamento 0.5.10.1 del Governo.

REMO GASPARI, Relatore. Chiedo di parlare per un chiarimento.

PRESIDENTE. Ne ha facoltà.

REMO GASPARI, Relatore. Presidente, il subemendamento del Governo è interamente sostitutivo del comma 2 dell'articolo 5, nel testo dell'emendamento 5.10 della Commissione. Viene sollevata un'obiezione sulla quale vorrei avere il parere del Governo. Come lei ha visto, Presidente, seguendo le votazioni che si sono effettuate, in ogni articolo ed emendamento è stato

soppresso il richiamo alla cosiddetta legge Scelba n. 645 del 1952;
invece nel subemendamento 0.5.10.1 del Governo esso sussiste. Vorrei pertanto sapere dal sottosegretario se lo ritenga essenziale oppure se, come è accaduto per gli altri emendamenti, sia possibile la sua eliminazione. In ogni caso, la Commissione ribadisce parere favorevole sul subemendamento del Governo.
PRESIDENTE. Onorevole sottosegretario, anche la Presidenza pensa sia opportuno che il Governo accolga la riformulazione prospettata dal relatore.
ANTONINO MURMURA, Sottosegretario di Stato per interno. La proposta del relatore mi sembra coerente con il discorso generale che è stato fatto, e quindi ritengo che il richiamo alla cosiddetta legge Scelba possa essere soppresso.
PRESIDENTE. Sta bene. S'intende per- tanto che il subemendamento che ora voteremo 0.5.10.1 del Governo è riformulato nel senso di sopprimere le parole «20 giugno 1952, n. 645,». Passiamo ai voti. Indico la votazione nominale, mediante procedimento elettronico, sul subemendamento 0.5.10.1 del Governo, nel testo riformulato, accettato dalla Commissione. (Segue la votazione).
Dichiaro chiusa la votazione.
Comunico il risultato della votazione: la Camera approva.
(Presenti 326 Votanti 286 Astenuti 40 Maggioranza 144 Hanno votato sì 279 Hanno votato no 7)
Indico la votazione nominale, mediante procedimento elettronico, sull'emendamento 5.10 della Commissione, come modificato dal subemendamento testé approvato, accettato dal Governo. (Segue la votazione).
Dichiaro chiusa la votazione.
Comunico il risultato della votazione: la Camera approva.
(Presenti 323 Votanti 313 Astenuti 10 Maggioranza 157 Hanno votato sì 310 Hanno votato no 3)

Sono così preclusi gli emendamenti Maceratini 5.2 e 5.3, Lazzati 5.9, Maceratini 5.4, Modigliani 5.7 e Maceratini 5.5 e 5.6. Indico la votazione nominale, mediante procedimento elettronico, sull'emendamento Maceratini 6.1, non accettato dalla Commissione né dal Governo. (Segue la votazione).
Dichiaro chiusa la votazione.
Comunico il risultato della votazione: la Camera respinge.
(Presenti 324 Votanti 296 Astenuti 28 Maggioranza 149 Hanno votato sì 30 Hanno votato no 266)
Indico la votazione nominale, mediante procedimento elettronico, sull'emendamento Maceratini 6.2, non accettato dalla Commissione né dal Governo. (Segue la votazione).
Dichiaro chiusa la votazione.
Comunico il risultato della votazione: la Camera respinge.
(Presenti 316 Votanti 310 Astenuti 6 Maggioranza 156 Hanno votato sì 48 Hanno votato no 262)
Indico la votazione nominale, mediante procedimento elettronico, sull'emendamento Maceratini 6.3, non accettato dalla Commissione né dal Governo. (Segue la votazione).
Dichiaro chiusa la votazione.
Comunico il risultato della votazione: la Camera respinge.
(Presenti 320 Votanti 313 Astenuti 7 Maggioranza 157 Hanno votato sì 30 Hanno votato no 283)
Passiamo alla votazione dell'emendamento Modigliani 6.7. Ha chiesto di parlare per dichiarazione di voto l'onorevole Modigliani. Ne ha facoltà.
ENRICO MODIGLIANI. Signor Presidente, il mio emendamento 6.7 si propone di reintrodurre il testo del secondo periodo del comma 2 dell'articolo 6 del decreto-legge, soppresso dalla maggioranza della Commissione. Quel testo prevedeva la possibilità per il giudice, nell'udienza di convalida, qualora ne ricorressero i presupposti, di disporre l'applicazione di una delle misure coercitive previste dalla legge. Con il mio emendamento, dunque, si darebbe al giudice

il potere discrezionale di applicare le misure coercitive, cosa che, in presenza di un arresto obbligatorio in caso di flagranza, sembra coerente. Parrebbe incoerente, invece applicare il testo così come modificato dalla Commissione.
PRESIDENTE. Passiamo ai voti. Indico la votazione nominale, mediante procedimento elettronico, sull'emendamento Modigliani 6.7, non accettato dalla Com- missione né dal Governo. (Segue la votazione).
Dichiaro chiusa la votazione.
Comunico il risultato della votazione: la Camera respinge.
(Presenti 325 Votanti 323 Astenuti 2 Maggioranza 162 Hanno votato sì 12 Hanno votato no 311)
Indico la votazione nominale, mediante procedimento elettronico, sull'emendamento Maceratini 6.4, non accettato dalla Commissione né dal Governo. (Segue la votazione).
Dichiaro chiusa la votazione.
Comunico il risultato della votazione: la Camera respinge.
(Presenti 320 Votanti 316 Astenuti 4 Maggioranza 159 Hanno votato sì 54 Hanno votato no 262)
Indico la votazione nominale, mediante procedimento elettronico, sull'emendamento Maceratini 6.5, non accettato dalla Commissione né dal Governo. (Segue la votazione).
Dichiaro chiusa la votazione.
Comunico il risultato della votazione: la Camera respinge.
(Presenti 318 Votanti 316 Astenuti 2 Maggioranza 159 Hanno votato sì 51 Hanno votato no 265)
Indico la votazione nominale, mediante procedimento elettronico, sull'emendamento Maceratini 6.6, non accettato dalla Commissione né dal Governo. (Segue la votazione).
Dichiaro chiusa la votazione.
Comunico il risultato della votazione: la Camera respinge.
(Presenti e votanti 321 Maggioranza 161 Hanno votato sì 52 Hanno votato no 269)
Passiamo alla votazione dell'emendamento Modigliani 6.8.

GIULIO MACERATINI. Signor Presidente, sembra a me che l'emendamento Modigliani 6.8 sia precluso dalla votazione precedente.

PRESIDENTE. No, perché esso riguarda un comma aggiuntivo. L'onorevole Modigliani propone, infatti, di aggiungere al comma 5 un altro comma. Indico la votazione nominale, mediante procedimento elettronico, sull'emendamento Modigliani 6.8, non accettato dalla Commissione né dal Governo. (Segue la votazione).

Dichiaro chiusa la votazione.

Comunico il risultato della votazione: la Camera respinge.

(Presenti 326 Votanti 324 Astenuti 2 Maggioranza 163 Hanno votato sì 15 Hanno votato no 309)

Indico la votazione nominale, mediante procedimento elettronico, sull'emendamento Maceratini 7.1, non accettato dalla Commissione né dal Governo. (Segue la votazione).

Dichiaro chiusa la votazione.

Comunico il risultato della votazione: la Camera respinge.

(Presenti 321 Votanti 320 Astenuti 1 Maggioranza 161 Hanno votato sì 20 Hanno votato no 300)

Indico la votazione nominale, mediante procedimento elettronico, sull'emendamento 7.6 della Commissione, accettato dal Governo. (Segue la votazione).

Dichiaro chiusa la votazione.

Comunico il risultato della votazione: la Camera approva.

(Presenti 331 Votanti .... 327 Astenuti 4 Maggioranza 164 Hanno votato sì 306 Hanno votato no 21)

Indico la votazione nominale, mediante procedimento elettronico, sull'emendamento Maceratini 7.2, accettato dalla Commissione e dal Governo. (Segue la votazione).

Dichiaro chiusa la votazione.

Comunico il risultato della votazione: la Camera approva.

(Presenti 327 Votanti 321 Astenuti 6 Maggioranza 161 Hanno votato sì 315 Hanno votato no 6)

Indico la votazione nominale, mediante procedimento elettronico, sull'emendamento Maceratini 7.3, non accettato dalla Commissione né dal Governo.
Dichiaro chiusa la votazione.
Comunico il risultato della votazione: la Camera respinge.
(Presenti 327 Votanti 325 Astenuti 2 Maggioranza 163 Hanno votato sì 74 Hanno votato no 251)
Indico la votazione nominale, mediante procedimento elettronico, sull'emendamento Maceratini 7.4, non accettato dalla Commissione né dal Governo. (Segue la votazione).
Dichiaro chiusa la votazione.
Comunico il risultato della votazione: la Camera respinge.
(Presenti 332 Votanti 330 Astenuti 2 Maggioranza 166 Hanno votato sì 60 Hanno votato no 270)
PRESIDENTE. Passiamo alla votazione dell'emendamento Maceratini 7.5. Ha chiesto di parlare per dichiarazione di voto l'onorevole Maceratini. Ne ha facoltà.
GIULIO MACERATINI. Signor Presidente, ricordo — e ricordando si può sbagliare — che in Commissione si era compiuto uno sforzo di conciliazione tra le varie posizioni perché ci trovavamo — e ci troviamo — di fronte ad una norma che ha un carattere indubbiamente singolare, che merita di essere rapidamente menzionato. Si tratta di una norma che non dispone il sequestro — ipotesi ben conosciuta dagli operatori —, ma una fattispecie in questo caso eccezionale, la confisca degli immobili, misura che ci è nota quando ci troviamo in presenza di immobili o di altri beni (mobili ed immobili) che siano il provento od il profitto di reato. In questo caso, invece, ci troviamo di fronte ad un provvedimento di confisca che viene irrogato a carico di chi è in possesso, pur deplorevolmente, peccaminosamente, di oggetti non consentiti (quali potrebbero essere armi od altri simboli legati ad ideologie perverse). Non ci sembrava però che ciò fosse talmente grave da portare alla confisca dell'immobile e si era

fatto l'esempio del proprietario di un grattacielo che, per essere stato trovato in possesso di una pistola, si vedesse confiscare lo stesso. Tenuto conto della disparità delle conseguenze rispetto alle condotte punite ed alla loro gravità, in Commissione — per questa fase mi appello ai ricordi — si era inserito un inciso con il quale si stabiliva che il giudice poteva disporre la confisca dell'immobile nei casi più gravi. Purtroppo, sicuramente a causa di un errore incolpevole nella trasmissione Helle carte, tale inciso nel testo in esame manca. Vorrei, a questo punto, fare appello prima di tutto alla memoria e poi al buon senso sia del relatore sia del Governo perché la misura, indubbiamente di sapore medioevale — ossia la confisca dell'immobile che non sia, come accade per i delitti di mafia, provento o profitto del reato (perché sussiste semplicemente l'occasionale congiuntura di un cittadino in possesso di cose che non può detenere, cittadino che, a nostro giudizio, non può essere punito con la confisca di un immobile) —, possa essere riequilibrata in virtù dell'inciso che avevamo concordato, secondo il quale il giudice dispone la confisca dell'immobile nei casi più gravi. Raccomando, pertanto, l'approvazione dell'emendamento 7.5, di cui sono primo firmatario.

REMO GASPARI, Relatore. Chiedo di parlare per una precisazione.

PRESIDENTE. Ne ha facoltà.

REMO GASPARE, Relatore. Si è effettivamente discusso rispetto a questo emendamento. La Commissione non è tuttavia favorevole alla soppressione del comma 3 dell'articolo 7 cui fa riferimento il collega Maceratini. D'altra parte, desidero sottolineare che non si tratta di un provvedimento con carattere di normalità, ma di un provvedimento assolutamente eccezionale che il
ministro dell'interno assume dopo che, con sentenza irrevocabile, sia accertata l'attività di organizzazioni, associazioni, movimenti e gruppi che hanno commesso i

gravissimi reati che oggi interessano il nostro paese e gli altri paesi d'Europa. Il provvedimento di scioglimento viene naturalmente portato con la necessaria documentazione all'esame del Consiglio dei ministri ed è quest'ultimo che, approvandolo, dispone la confisca di quella parte dei beni che hanno contribuito — che sono stati cioè parte integrante — alla commissione del reato. Il grave provvedimento della confisca deve quindi essere ben documentato e sostenuto da ragioni valide. Mantengo pertanto il mio parere contrario sull'emendamento Maceratini 7.5.
PRESIDENTE. Il Governo vuole aggiungere qualcosa?
ANTONINO MURMURA, Sottosegretario di Stato per interno. Come risulta anche dallo stampato, a pagina 7, l'innovazione per cui il giudice «nei casi di particolare gravità, dispone» attiene al comma 3 dell'articolo 5 e non dell'articolo 7. L'articolo 7 tratta, infatti, di una procedura del tutto diversa non intestata all'autorità giudiziaria, ma al ministro. Si tratta pertanto di una questione completamente differente e non credo vi sia bisogno di alcun emendamento al riguardo. Il Governo mantiene, pertanto, il parere contrario sull'emendamento Maceratini 7.5.
PRESIDENTE. Passiamo ai voti. Indico la votazione nominale, mediante procedimento elettronico, sull'emendamento Macerati- ni 7.5, non accettato dalla Commissione né dal Governo. (Segue la votazione).
Dichiaro chiusa la votazione.
Comunico il risultato della votazione: la Camera respinge.
(Presenti e votanti 311 Maggioranza 156 Hanno votato sì 46 Hanno votato no 265 Sono in missione 19 deputati).
Passiamo alla votazione dell'emendamento Buontempo 8.1.
NICOLA PASETTO. Signor Presidente, lo faccio mio.
PRESIDENTE. Sta bene, onorevole Pasetto. Passiamo ai voti. Indico la votazione nominale, mediante procedimento elettronico, sull'emendamento Buontempo 8.1 fatto proprio

dall'onorevole Pasetto, non accettato dalla Commissione né dal Governo. (Segue la votazione).

Dichiaro chiusa la votazione.

Comunico il risultato della votazione: la Camera respinge. (Presenti e votanti 308 Maggioranza 155 Hanno votato sì 17 Hanno votato no 291 Sono in missione 19 deputati).

Avverto che è stato presentato l'ordine del giorno Senese ed altri n. 9/2576/1 (vedi l'allegato A). Qual'è il parere del Governo sull'ordine del giorno presentato?

ANTONINO MURMURA, Sottosegretario di Stato per l'interno. Il Governo accetta l'ordine del giorno Senese ed altri n. 9/2576/1.

PRESIDENTE. I presentatori insistono per la votazione?

SALVATORE SENESE. A nome dei presentatori non insisto per la votazione, signor Presidente.

PRESIDENTE. Passiamo alle dichiarazioni di voto sul complesso del provvedimento. Avverto sin d'ora che la Presidenza è disponibile ad autorizzare la pubblicazione in calce al resoconto stenografico della seduta odierna del testo delle dichiarazioni di voto degli onorevoli colleghi che eventualmente ne facciano richiesta.

Ha chiesto di parlare per dichiarazione di voto l'onorevole Ramon Mantovani. Ne ha facoltà.

RAMON MANTOV\NI. Signor Presidente, colleghe e colleghi, noi, deputati del gruppo di rifondazione comunista, voteremo a favore del disegno di legge di conversione del decreto-legge n. 122 perchè siamo d'accordo sull'individuazione di reati connessi alle discriminazioni razziali, etniche e religiose e sulla repressione di tali reati. Non mi dilungherò quindi nel sottolineare la giustezza di molte delle norme in oggetto. Preferisco indicare, invece, i gravi limiti che rischiano di inficiare l'efficacia di un'azione tesa a combattere veramente — e ripeto: veramente! — il fenomeno del razzismo. Mi pare innanzitutto grave che sia stato respinto il subemendamento Colaianni 0.1.21.1, che puntava ad estendere la materia anche alle discriminazioni di sesso, di lingua, di opinioni politiche o relative a condizioni personali o sociali. Il relatore ha sostenuto, per motivare il suo parere contra- rio, l'incongruità del subemendamento con la materia del decreto-legge. Sarebbe come dire che, se un gruppo di persone propugna e pratica l'eliminazione fisica dei neri o degli ebrei, incorre nella fatti specie dei reati di cui a questo decreto-legge, e nelle conseguenti aggravanti; mentre se propugna e pratica l'eliminazione fisica degli omosessuali, no! Forse il relatore e il Governo hanno dimenticato, o fanno finta di non sapere, che i nazisti non si limitavano a sterminare gli ebrei, ma sterminavano anche gli omosessuali e gli oppositori politici. Tuttavia forse la questione è più complessa e merita un approfondimento. Probabilmente è bene intenderci sullo stesso concetto di razzismo, anche al fine di evitare che qualcuno si lavi la coscienza votando a favore del decreto-legge in esame e continuando nello stesso tempo, imperterrito, a promuovere e ad alimentare il nuovo razzismo, che — ahimè — cresce in tutte le società occidentali ed europee. Vi è un razzismo — diciamo così — classico, secondo il quale una razza sarebbe superiore alle altre: si tratta del cosiddetto razzismo biologico. Negli ultimi anni sono cresciuti nuovi sostenitori di queste tesi aberranti e si sono moltiplicate azioni violente, in particolare contro gli immigrati extra- comunitari. Tuttavia, sebbene rimpianto teorico dei gruppi che si macchiano di tali delitti si richiami direttamente a nozioni che sembravano morte e sepolte, la peculiarità politica nuova è costituita dal fatto che, in realtà, le azioni non sono volte ad imporre ed a codificare questa presunta superiorità, ma sono dichiaratamente rivolte a difendere la razza e la cultura dalla invasione e dalla conseguente «contaminazione» ad opera degli asiatici, degli africani e così via. I gruppi naziskin si rifanno al razzismo biologico, ma agiscono come punta di diamante di un altro

razzismo, di un nuovo razzismo, nato e cresciuto di pari passo con la cosiddetta, e tanto lodata da qualcuno, modernizzazione soprattutto nel corso degli anni ottanta. Per questo, sia in Germania sia in Italia, le azioni violente di tipo razzista godono di una colpevole indifferenza, quando non di un mal- celato consenso di massa. Mi si permetta di dire che l'affermazione del relatore, secondo la quale l'Italia sarebbe solo sfiorata...
PRESIDENTE. Mi scusi se la interrompo, onorevole Ramon Mantovani. Onorevoli colleghi, dobbiamo ancora ascoltare, oltre all'onorevole Mantovani, altri sei colleghi che devono rilasciare la propria dichiarazione di voto. In queste condizioni, però, l'Assemblea non può lavorare. Vorrei, allora, pregare intanto i colleghi di lasciare libero l'emiciclo e gli onorevoli Lenoci, Binetti, Sacconi, Borgoglio ed altri colleghi del gruppo socialista di andare a discutere fuori dall'aula. Onorevole Dell'Unto, onorevole Abbruzzese...! Prego anche i colleghi degli altri gruppi di consentire all'onorevole Mantovani di continuare la propria dichiarazione di voto. Prosegua pure, onorevole Ramon Mantovani.
RAMON MANTOVANI. Ripeto, mi si consenta di dire che l'affermazione del relatore, secondo la quale l'Italia sarebbe solo sfiorata dal fenomeno, grazie alla sua tradizione migratoria, è tanto stupida e retorica quanto pericolosa! Che cosa è questo nuovo razzismo? Con i processi di mondializzazione dell'economia e del mercato del lavoro, con la globalizzazione delle comunicazioni di massa tutte le società, ma soprattutto quelle più ricche e sviluppate, hanno la tendenza a diventare inevitabilmente multietniche e multirazziali. In particolare, l'Italia in pochi anni si è trasformata da paese di emigranti in paese di immigrazione. E vi è un connubio nuovo e forte tra la diffidenza e la paura dei diversi che arrivano — la xenofobia, appunto — e la difesa di privilegi, soprattutto di privilegi economici. Tutte cose che nei periodi di crisi e di instabilità economica e sociale come quello

che stiamo attraversando tendono ad accentuarsi notevolmente. Si può facilmente riscontrare ciò che vado dicendo nei luoghi comuni irrazionali ormai largamente diffusi. Vi sarebbe una vera invasione di extracomunitari; vi sono giornali che parlano di milioni di persone, quando la realtà è di circa 750 mila individui, clandestini compresi. Naturalmente sono tutti marocchini, musulmani, anzi sono tutti fondamentalisti e quindi sono tutti barbari, poligami, spacciatori, portatori di malattie e così via. Non importa se gli spacciatori sono una piccolissima minoranza, così come i lavatori di vetri o i venditori di sigarette; siccome sono per strada e sono molto visibili, ci sono solo loro e la stragrande maggioranza di coloro che arrivano in Italia, perchè c'è un mercato del lavoro che li richiede, non è considerata. Nella percezione che molti hanno, anche a causa di mass media irresponsabili, di giornalisti ignoranti ed imbecilli, la realtà appare completamente capovolta. Quelli che lavorano sono una minoranza, mentre la maggioranza viene in Italia con il preciso intento di delinquere, di rompere le scatole agli onesti e laboriosi italiani. Su questa base — che, se ne avessi il tempo, potrei descrivere con maggior dovizia di particolari — si innesta un razzismo di tipo nuovo, quello — ben interpretato a livello politico dalla lega nord e dal Movimento sociale italiano — al quale soggiace, per un mix di ignavia, di opportunismo, di complicità ed anche di ignoranza l'attuale Governo e quelli che lo hanno preceduto. La lega, per esempio, parla di «culture dei popoli del nord», di Europa, e dice esplicitamente che gli immigrati sono ospiti — attenzione: non lavoratori o cittadini, ma ospiti — e quindi, in quanto tali, devono adattarsi alla cultura, agli usi ed ai costumi locali senza intaccarli, senza contaminarli. Altro che diritti o società multietnica e multirazziale! Ognuno a casa sua, e quelli che vengono perchè noi non ne possiamo fare a meno non vantino diritti, perchè ognuno deve comandare a casa propria; è una frase molto cara all'onorevole Formentini in campagna elettorale. Questo vale anche per i meridionali, come ci ha ben spiegato l'onorevole Dosi quando abbiamo discusso sulla necessità ed urgenza del decreto-legge. Analoghi concetti possono essere estesi ad ogni forma di manifesta diversità di usi e di costumi di minoranze e di persone anche autoctone: parlo degli omosessuali ma anche delle donne le quali, pur non essendo una minoranza, non si salvano certo dal furore della lega, visto che si propone di toglierle dal lavoro per riconsegnarle al tradizionale e rassicurante foco- lare domestico. Come vedete, il tema dominante di questo razzismo non è più l'eredità biologica— che postula la superiorità e che quindi va dife- sa— di una razza, ma l'incompatibilità delle culture, dei generi di vita e delle tradizioni, che devono a tutti i costi essere separati, pena la disgregazione delle culture e delle identità nazionali dei nostri paesi. Oltre tut- to, quest'idea della comunità locale come produttrice di cultura autonoma ed immu- tabile è completamente al di fuori della realtà. La cultura, intesa in senso antropo- logico, è un organismo vivente, funzionale alla mediazione tra uomo ed ambiente; pertanto muta adattandosi alle situazioni per rimanere, appunto, funzionale. Per questo noi siamo per il riconoscimen- to e per il governo di una società multietnica e multirazziale e non solo perchè siamo legati all'idea di uguaglianza e di solidarietà. Il Governo Ciampi, appena insediato, ha cancellato al Senato l'emendamento sul decreto relativo all'occupazione che prevedeva la regolarizzazione degli immigrati clande- stini che lavorano in nero in Italia. È proprio in questo modo che si alimenta il nuovo razzismo, creando situazioni di nuova discri- minazione e — oserei dire — di nuovo apartheid. In questa maniera infatti si san- cisce che il clandestino può lavorare solo in nero, per la gioia del suoi sfruttatori, e che non ha neanche diritti umani perché non è in grado di farli valere. Come definire, altrimenti, la condizione del lavoratore che viene pagato 600 mila lire al

mese e che è vincolato a quel posto perché il padrone gli «permette» di dormire nel cantiere o nel laboratorio artigianale? Come definire la condizione delle domestiche, che percepiscono un salario ridicolo, a volte inferiore alle spese sostenute dalla padrona di casa solo per pagarsi il parrucchiere, ed alle quali è impedito — a volte con maltrattamenti fisici — di avere una vita privata e di avere figli? Come definire la situazione di coloro che sono costretti a dormire per strada o nelle cascine disabitate anche se hanno un lavoro regolare e pagano le tasse, o della maggioranza che paga 300 o 400 mila lire per un posto letto in una stanza con altri dieci, sempre per arricchire l'italiano esentasse? Certo, bisogna reprimere i naziskin, ma se non si metterà mano alla soluzione di questi problemi la barbarie del nuovo razzismo, delle pulizie etniche e le stesse imprese dei naziskin saranno inevitabili. A nulla varranno allora le lacrime di coccodrillo o le tirate retoriche, ipocrite e bugiarde. Sono questi i motivi, colleghi e colleghe, per cui noi — pur votando a favore di questo decreto del Governo — ribadiamo la necessità di condurre una battaglia vera, efficace e seria contro il nuovo razzismo che va crescendo nella nostra Italia (Applausi dei deputati del gruppo di rifondazione comunista).
PRESIDENTE. Ha chiesto di parlare per dichiarazione di voto l'onorevole Martucci. Ne ha facoltà.
ALFONSO MARTUCCI. Signor Presidente, onorevoli colleghi, vorrei molto sintetica-mente motivare, a nome del gruppo liberale, il voto favorevole della mia parte politica su questo disegno di legge di conversione. Già in sede di discussione sulle linee generali avemmo ad attestare il nostro favore per il provvedimento sul quale ci apprestiamo a pronunciarci, per tutta una serie di motivazioni di carattere storico, sociale e giuridico. Oggi le confermiamo in pieno. In Italia non si registrano le ondate di violenza che sono da lamentare in altri paesi, e soprattutto nella vicina Germania,

con una esplosione criminale vastissima; nel nostro paese ancora non vi è una manifestazione di propaganda o di ideologia di razzismo come in altre aree dell'Europa. Tuttavia gli episodi già verificatisi, e soprattutto alcune manifestazioni ideologiche accentuate, esigevano un intervento legislativo. Ricordo che durante la discussione sulle linee generali sono state avanzate molte riserve, soprattutto su alcuni aspetti e su talune esasperazioni della legge. Mi riferisco, per esempio, alla circostanza di aver privilegiato misure di sicurezza rispetto alla valutazione dei reati propri, al verticismo di alcune sanzioni che comportavano il troppo facile intervento dello strumento delle intercettazioni telefoniche, ad alcune norme processuali che ci erano sembrate eccezionali rispetto alla regola. Devo prendere atto che quelle riserve sono state superate da un lavoro che si è svolto in Commissione giustizia con molta attenzione ed anche con una notevole concordanza di vedute. In quella sede abbiamo lavorato intensamente, in presenza di ampi criteri di convergenza obiettiva, sulle riserve e sulle critiche formulate; così almeno gli aspetti più esasperati e verticistici in senso negativo della legge sono stati superati. Restano allora confermati i giudizi positivi e cancellate le riserve. Ecco perché il voto del nostro gruppo sarà favorevole.
PRESIDENTE. Ha chiesto di parlare per dichiarazione di voto l'onorevole Colaianni. Ne ha facoltà.
NICOLA COLAIANNI. Signor Presidente, onorevoli colleghi, i deputati del gruppo del
PDS voteranno a favore di questo provvedi- mento. L'ondata discriminatoria di natura razziale, etnica e religiosa che si è diffusa nel nostro paese ed in tutta la Comunità europea meritava evidentemente un intervento di carattere legislativo volto a reprimere — ed in qualche modo anche a prevenire — queste manifestazioni.
PRESIDENTE. Onorevole Del Bue, la prego di non intralciare la discussione.

NICOLA COLAIANNI. Voglio ricordare che, proprio per fronteggiare da un punto di vista legislativo questa ondata di discriminazioni, una iniziativa di esponenti di vari gruppi della Camera era culminata nello studio e nella presentazione di una proposta successivamente superata da un disegno di legge governativo. I lavori della nostra Commissione sono andati un po' per le lunghe e il Governo si è trovato nella necessità di presentare un decreto-legge. Credo di poter dire che il provvedimento è stato profondamente modificato in termini positivi dalla Commissione. Innanzitutto non vi sono nuove fattispecie penali, come previsto nel disegno di legge del dicembre scorso. Noi avevamo contrastato la tendenza a creare nuove fattispecie penali; infatti vi è soltanto la rielaborazione di una fatti- specie penale già esistente nel nostro ordinamento in virtù della legge del 1975 in materia di discriminazioni razziali e etniche. Sono state modificate le pene estrema- mente elevate, tali, come l'esperienza ha insegnato, dal dissuadere il pubblico ministero dall'avviare iniziative penali sulla base di reati cosi gravemente puniti. Sono state altresì modificate misure di carattere processuale che ci sembravano far discostare troppo la persecuzione penale delle discriminazioni in esame dal diritto processuale penale comune. Crediamo che anche sotto questo profilo vi sia stato un miglioramento; soprattutto vi è stato il notevole miglioramento, al quale invano il Governo oggi, con un ulteriore emendamento, si è opposto per continuare sulla strada delle misure di prevenzione e non abbracciare quella garantista del reato che invece noi abbiamo imboccato in Commissione. Certo, alla fine del faticoso e lungo iter del provvedimento, dobbiamo lamentare il fatto che manchi ancora nel nostro paese ima visione d'insieme di tutto il fenomeno discriminatorio. A tal fine avevamo presentato un subemendamento, già ricordato in alcune dichiarazioni di voto precedenti, tendente ad equiparare alle discriminazioni etniche, religiose e razziali anche quelle per motivi di sesso, di lingua,

di opinioni politiche e per condizioni personali e sociali: penso agli omosessuali, ai tossicodipendenti, alle prostitute, ai barboni, alle persone emarginate della nostra società. Pensiamo — è un messaggio che lanciamo all'altro ramo del Parlamento perché ne tenga conto quando dovrà occuparsi del problema — che l'articolo 3 della Costituzione debba avere attuazione completa e non limitata soltanto ad alcuni aspetti. Ci sembra importante che non rimanga una norma meramente descrittiva, ma che le discriminazioni per motivi sessuali, di opinioni politiche e di marginalità sociale vengano adeguatamente considerate dal legislatore. Tuttavia riteniamo che il decreto-legge abbia un contenuto positivo, rappresenti una tappa del viaggio verso la tolleranza di cui abbiamo bisogno nel nostro paese, verso una società multiculturale, multietnica e multireligiosa. Possiamo dire che da oggi con questo provvedimento, se verrà approvato dal Senato nel testo attuale, avremo non soltanto una libertà dalla discriminazione, ma anche una libertà positiva, di essere diversi pur essendo uguali a tutti gli altri cittadini. Contiamo che il Governo, che ha accettato l'ordine del giorno che abbiamo presentato, per una legislazione positiva, di sostegno a tutti gli extracomunitari e in genere a tutti gli altri cittadini con scarse risorse politiche e sociali, venga incontro a determinate esigenze con altri provvedimenti. Per questo motivo il PDS esprimerà un voto favorevole sul disegno di legge di conversione (Applausi dei deputati del gruppo del PDS).
PRESIDENTE. Ha chiesto di parlare per dichiarazione di voto l'onorevole Olivo. Ne ha facoltà.
ROSARIO OLIVO. Consegno il testo scritto del mio intervento, chiedendo che la Presidenza ne autorizzi la pubblicazione in calce al resoconto stenografico della seduta odierna.
PRESIDENTE. Sta bene, onorevole Olivo. La Presidenza lo consente. Ha chiesto di parlare per dichiarazione di voto

l'onorevole Taradash. Ne ha facoltà.

MARCO TARADASH. Signor Presidente, il gruppo federalista europeo esprime un voto favorevole su questo provvedimento. Nel corso della discussione sulle linee generali avevamo manifestato gravi perplessità rispetto ad alcuni punti del decreto-legge n. 122, ma il lavoro della Commissione ha fatto cadere gli aspetti peggiori, quelli che ci apparivano pericolosi per l'intera società. È caduto infatti il meccanismo riguardante le norme di prevenzione, è caduta altresì la possibilità di procedere a facili intercettazioni o perquisizioni da parte dell'autorità di polizia; sono stati diminuiti i livelli minimi e massimi delle pene, che consentiranno anche l'erogazione di pene alternative; il sistema del codice di procedura penale non sembra essere stato intaccato. Come abbiamo avuto modo di dichiarare già nel corso della discussione sulle linee generali, non ritenevamo che la situazione fosse tale da richiedere un provvedimento urgente (quale un decreto-legge), perché probabilmente sarebbe stato sufficiente riordinare la materia già contenuta nei nostri codici e farla conoscere meglio allo scopo di contrastare certi reati che con questo testo vengono nuovamente ordinati e formalizza- ti. In ogni caso, sarebbe velleitario ed illuso- rio pensare di risolvere con norme penali situazioni che potranno invece trovare una via di soluzione soltanto se la politica riprenderà a pieno la sua funzione, e non se la polizia sarà meglio armata. Certo, servono le norme penali, servono gli strumenti per reprimere i reati, ma di fronte a problemi quali quelli del razzismo o dell'antisemitismo o della discriminazione contro i terroni o contro gli extracomunitari ciò che serve non è, in realtà, vietare le disuguaglianze quanto piuttosto promuove- re le uguaglianze. Non so se il Parlamento o il Governo si pongano tali problemi; mi auguro che sia così. Colgo l'occasione per ricordare che le carceri italiane sono strapiene di extracomunitari, per la maggior parte accusati (e probabilmente anche colpevoli), di

reati come lo spaccio di droga. La facilità con cui si compie tale reato è una malattia mortale, soprattutto per le classi sociali più deboli, soprattutto per i proletari, soprattutto per gli extracomunitari per i quali l'avanzata costante dei cerchi, delle reti dello spaccio della droga rappresenta una minaccia reale ad ogni possibilità di integrazione. La nostra società deve quindi prendere atto della necessità di eliminare lo spaccio della droga nell'unico modo possibile, sottraendo- la cioè al monopolio delle organizzazioni criminali e trovando forme di controllo nella legalità, che possano ridurre il danno non solo per i consumatori in particolare ma anche dal punto di vista generale della no- stra società. Se vogliamo ridurre i fenomeni di razzismo nei confronti degli extracomunitari, questa è una forma essenziale da seguire perché soltanto chi non sa come si viva in certi quartieri di Genova o di Milano può non rendersi conto di come azioni razziste e violente siano quasi chiamate dalla situazione che si è venuta a creare nell'indifferenza o nell'inettitudine delle autorità (non dico di polizia ma politiche). Dobbiamo perciò ripartire da certi vecchi principi liberali in base ai quali chi paga le tasse ha il diritto di eleggere il proprio rappresentante; conseguentemente dobbiamo dare con urgenza ai cittadini stranieri che risiedono in Italia e pagano le tasse la possibilità di partecipare a pieno titolo ad alcune fasi della vita pubblica del paese. Si tratta di piccoli passi tutti necessari e certamente più efficaci delle norme repressive contenute nel decreto-legge, al quale esprimeremo il nostro voto favorevole con la sensibilità che ho cercato di illustrare e sperando che essa divenga generale (Applausi dei deputati del gruppo federalista europeo).
PRESIDENTE. Ha chiesto di parlare per dichiarazione di voto l'onorevole Modigliani. Ne ha facoltà.
ENRICO MODIGLIANI. Signor Presidente, a nome del gruppo repubblicano e mio personale dichiaro il voto favorevole sul disegno di legge di conversione n. 2576.

Ricordo come il suo iter sia cominciato nel lontano autunno dello scorso anno, quando ebbi l'onore di coordinare un gruppo di lavoro del quale hanno fatto parte numerosi deputati di tutti i gruppi, preoccupati di fronte alla situazione che si stava determinando. L'opinione pubblica era particolar- mente colpita per gli episodi che si erano verificati non solo in Germania — ricordo i primi fatti di Rostock, nella Germania orientale — ma anche nel resto dell'Europa e qui in Italia. Quel gruppo di lavoro ha affrontato il problema cercando di studiare la situazione della legislazione attuale ed arrivando ad una conclusione che contemporaneamente è stata in qualche modo contraddetta dalle prime iniziative del Governo, il quale era invece giunto a conclusioni opposte, e cioè alla necessità di emanare una nuova normativa che si aggiungesse alle numerose già esistenti ma del tutto inapplicate, anche perché non conosciute dai giudici. Mi riferisco, ad esempio, alla legge n. 654 del 1975 che è stata alla base del testo legislativo oggi al nostro esame e che in tutta la sua vita è stata applicata una sola volta. Altre leggi non sono state applicate affatto, ed altre ancora, come la legge n. 101 del 1989, che già aggiungeva il concetto di discriminazione di carattere religioso alle altre discriminazioni qui richiamate (di tipo razziale, nazionale ed etnica), risultano totalmente sconosciute, perché leggi non penali e quindi non portate a conoscenza dei giudici. Il lavoro di questo gruppo ha dunque avuto il merito di convincere, lungo la stra- da, il Governo a modificare la sua impostazione e a rinunciare ad una nuova legge che fosse una legge bandiera da aggiungersi alle altre già esistenti, destinata a non essere mai applicata (in una prima versione era stata addirittura prevista l'introduzione di un nuovo reato di vilipendio). Così, il disegno di legge presentato alla fine dell'anno scorso era già sostanzialmente simile alle nostre proposte. Nel corso dei lavori della Commissione — lavori che procedevano in sede legislativa e che se fossero continuati avrebbero abbreviato e non allungato i termini dell'approvazione di questo provvedimento — il testo è stato ulteriormente migliorato, tanto è vero che il decreto-legge presentato il 26 aprile riconosceva sostanzialmente l'impostazione del nostro gruppo, che voleva partire proprio dalle leggi esistenti, predisponendo una specie di testo unico e non una nuova legge. E questo è il decreto-legge n. 122 portato alla nostra attenzione in Commissione, nella quale sono stati compiuti ulteriori passi in avanti (già ne hanno parlato i colleghi e pertanto non mi dilungherò su questo aspetto). Vorrei semplicemente ricordare come l'impostazione di ricorrere piuttosto ad attenuazioni delle pene, soprattutto le massime, e all'introduzione di pene sostitutive abbia avuto il pregio di rendere la legge non solo più moderna nella sua concezione, ma anche sostanzialmente meglio applicabile. Tuttavia, non illudiamoci assolutamente che una legge come questa possa minima- mente risolvere i problemi che hanno spinto il Parlamento ad occuparsi del tema della discriminazione razziale, etnica e religiosa; infatti, il problema non è quello della repressione — lo ha già ricordato il collega Taradash — perché non credo che con il proibizionismo in questo e in altri campi si possano ottenere vantaggi e risultati positivi. Il vero problema dovrà essere affrontato sul piano sociale e culturale; sul piano sociale, perché il nostro paese sta attraversando un periodo di profonda trasformazione: da paese di emigranti ci siamo trasformati quasi improvvisamente in paese di ospitanti, e ancora non siamo attrezzati per fronteggiare questo tipo di problema. Non sappiamo ancora come convivere con i diversi, non sappiamo ancora cogliere i vantaggi della diversità e delle minoranze che in una socie- tà costituiscono spesso il sale e lo stimolo ai confronti. Ma soprattutto verso gli extracomunitari continuiamo a tenere un tipo di atteggia- mento che ci fa al massimo raggiungere la cultura della tolleranza, considerata come un valore, mentre invece quest'ultima è un disvalore, perché è la cultura del rispetto che dobbiamo acquisire e non soltanto quella della tolleranza. Ricordo che in merito a tali argomenti si è assistito ad una evoluzione non poco significativa nell'atteggiamento dello Stato nei confronti delle culture e delle religioni di minoranza. Con lo Stato unitario si è parlato di culti tollerati; più tardi, nel 1929, di culti ammessi, e soltanto con la Costituzione si è parlato di uguaglianza delle religioni di fronte alle leggi. Adesso dall'uguaglianza bisogna passare a qualcosa di più, cioè alla valorizzazione e quindi al rispetto della diversità. Si tratta di un problema che personalmente avverto in modo molto intenso. In altre epoche, infatti, ho vissuto sulla mia pelle certe esperienze, quando lo Stato ha fatto propria una legislazione del tutto opposta a quella attuale, cioè una legislazione razziale. Sento quindi il dovere e l'obbligo di intervenire in difesa di quelli che oggi sono i diversi, gli emarginati, che in una situazione sociale difficile potrebbero essere oggetto di discriminazione e considerati i nemici, i possibili capri espiatori, al fine di sfogare il disagio connesso a difficoltà sociali. In una situazione economica difficile come quella del nostro paese e del resto dell'Europa, tali difficoltà sociali potrebbero far esplodere nelle classi più emarginate episodi di violenza. È importante intervenire non solo sul piano sociale, ma anche sul terreno cultura- le, soprattutto sul versante dell'insegnamento della storia. Voglio ricordare che è stato presentato un ordine del giorno che richiama tale esigenza. Il Governo, il Parlamento e lo Stato stesso non possono pensare di aver risolto il problema con un decreto-legge quale quello che ci apprestiamo a votare; al massimo potrebbe trattarsi di un modo per scaricare la propria coscienza. L'insegnamento e lo studio della storia sono essenziali, e noi sappiamo benissimo che i nostri giovani non conoscono assolutamente la storia degli ultimi anni, ma al massimo (è un test che è facile fare ogni qualvolta ci si trovi di fronte ad un giovane) arrivano a studiare la prima guerra mondiale. I giovani ignorano del tutto i fatti che hanno portato alla creazione dello Stato italiano attraverso l'esperienza del fascismo, dell'antifascismo e della Resistenza, fino alla nascita della nostra Repubblica. Questo è un fatto gravissimo, perché consente anche una forma perversa di storia, il revisionismo storico, il quale tenderebbe (abbiamo sentito esprimere spesso tale posizione anche dai banchi del gruppo del Movimento sociale italiano) a negare l'esistenza, nel regime fascista, non tanto di una legislazione introdotta solo per favorire l'alleato tedesco, quanto di una legislazione razziale nel nostro paese. Tale legislazione, in realtà, è stata non solo promulgata, ma applicata in tutte le sue esplicazioni. Non voglio dilungarmi oltre, ma solo ricordare come sia essenziale per il Parlamento che l'insegnamento della storia venga considerato altrettanto importante dell'approvazione del disegno di legge di conversione che ci apprestiamo a votare.

GIULIO CARADONNA. La storia! La storia del professor De Felice, che è ebreo!

PRESIDENTE. Vorrei pregare i colleghi che continuano a parlare e a tenere riunioni e convegni in aula di esprimere fra qualche minuto il loro desiderio di discutere. Ha chiesto di parlare per dichiarazione di voto l'onorevole Maceratini. Ne ha facoltà.

GIULIO MACERATINI. Signor Presidente, colleghi, siamo giunti alla conclusione dell'esame di un decreto-legge che questo ramo del Parlamento si appresta a convertire in legge. Il gruppo del Movimento sociale italiano- destra nazionale ha modificato il proprio atteggiamento nel corso dei lavori, in quanto, a seguito dell'approfondimento avvenuto in Commissione, si sono caratterizzati meglio gli obiettivi del provvedimento e si è impedito che esso assumesse un carattere meramente persecutorio della trasgressione
collegata alle idee, che a noi sembra un principio inaccettabile in democrazia. Sono rimaste, è inutile nasconderlo, alcune

norme a nostro giudizio troppo severe, norme in alcuni casi inaccettabili. Ed è per questo che noi ci asterremo sul testo che giunge alla votazione finale. Ma la decisione di astenerci non ci ha impedito di sottoscrivere l'ordine del giorno che la Camera ha votato e che il Governo ha accolto relativo a un comune sentire di questo Parlamento in ordine a qualunque tipo di discriminazione collegata alla razza, a motivi etnici, a motivi nazionali o a motivi religiosi. Intervenendo per dichiarazione di voto, sottolineo che questo provvedimento con- sentirà in alcune zone d'Italia, dove la discri- minazione etnica purtroppo viene applicata a danno dei cittadini italiani, di tutelare questi nostri connazionali. Non vi è dubbio infatti che con le misure che stiamo per introdurre nell'ordinamento non si dovrà solo parlare della difesa degli extracomuni- tari o di altre comunità razziali o religiose raggiunte da atteggiamenti polemici, ma si potrà anche difendere l'italiano che in qua- lunque zona d'Italia sia in qualche modo discriminato e perseguitato, sia al nord, per ragioni di malinteso localismo, sia in alcune aree dove gli italiani sono minoranza rispet- to ad altri gruppi etnici. Quella che ci accingiamo a votare è dun- que una legge ad ampio spettro, che ci trova nello spirito consenzienti, ma che pure non condividiamo fino in fondo, tanto da poter esprimere un voto favorevole. Sarebbe lungo illustrare in questa sede le ragioni della nostra posizione, e risparmio all'Assemblea l'elencazione di esse anche perché, tra l'altro, esse sono già agli atti della Camera, visti gli interventi da noi svolti in Commissione. Non è possibile ad esempio, a mio giudizio, introdurre il principio che qualunque reato, se aggravato da questa finalità, sia procedibile d'ufficio (e ho così indicato uno degli elementi che ci sembrano eccessivi rispetto agli scopi che si sono voluti perseguire). Detto questo, ribadisco che l'astensione equivale ad un atteggiamento di non preconcetta ostilità nei confronti di un intervento legislativo, con la speranza che, in futuro, proprio il progredire del valore che ciascuno di noi deve riconoscere

nel prossimo consenta di constatare che la legge in esame è stata introdotta per scongiurare e non per reprimere fenomeni che vorremmo non vedere mai sorgere nel nostro paese (Applausi dei deputati del gruppo del MSI-destra nazionale).
PRESIDENTE. Ha chiesto di parlare per dichiarazione di voto l'onorevole Lazzati. Ne ha facoltà.
MARCELLO LAZZATI. Presidente, dirò subito che la lega nord è senza dubbio favore- vole ad un provvedimento quale quello che ci accingiamo a votare. E ciò era già stato evidenziato dal nostro gruppo al momento di deliberare sull'esistenza dei requisiti di necessità ed urgenza richiesti dalla Costituzione. Il voto favorevole in quella occasione aveva avuto da parte nostra un valore emblematico, atteso che sotto il profilo formale e sostanziale non ritenevamo certo che sussistessero nella fattispecie i requisiti previsti dalla Costituzione. Ma proprio per evitare qualsiasi malinteso (che per altro ho riscontrato ancora in qualche collega, forse duro d'orecchio) ci siamo espressi favorevolmente allora e ci accingiamo a votare a favore adesso. Certo, nell'esaminare questo provvedi- mento ci erano sorte alcune perplessità, innanzitutto perché ritenevamo che la normativa esistente fosse ampia, articolata e stratificata. In particolare, noi ci siamo sempre dichiarati sostanzialmente d'accordo con la legge di ratifica 13 ottobre 1975, n. 654, che per altro (e al riguardo forse c'è stata una disattenzione del collega Modigliani) contiene una norma penale, che come tale i giudici conoscono e dovrebbero applicare. Alcune perplessità derivavano, dunque, dal fatto che non capivamo perché per punire e sanzionare fatti-reato che riteneva- mo già oggetto della normativa vigente si volesse adottare una nuova disciplina, tanto più a mezzo di un decreto-legge. Le nostre perplessità si sono però fermate qui. Abbiamo chiarito che evidentemente un Governo che non riusciva a fermare pochi residui di regimi a noi totalmente estranei — mi riferisco ai naziskin, tanto per esser chiari — si

voleva dare una facciata di perbenismo, emanando l'ennesimo decreto- legge (come se non ne fossero stati adottati già in numero sufficiente). Certo, il lavoro in Commissione, come è stato ricordato dai colleghi Colaianni e Maceratini e da altri, è stato intenso, perché nella sua voglia di rifarsi la facciata il Governo era andato oltre, violando qualsiasi ragionevole principio giuridico e mettendo dunque in difficoltà qualunque membro della Commissione avesse voluto esprimere la propria adesione in ordine ad un provvedi- mento che, evidentemente, stonava con i princìpi giuridici del nostro ordinamento. La lega nord ha dato il suo modesto contributo all'opera obiettivamente fattiva della Commissione. L'impegno profuso ha reso sicuramente più accettabile un testo sgraziato, sebbene qualche emendamento che invece è stato respinto avrebbe senz'altro consentito una lettura più vicina alla nostra impostazione. Resta un dato di fondo: tutti coloro — qui, per fortuna, ne abbiamo sentito una parte residua — che ancora confondono i princìpi dell'autonomia e della valorizzazione dei popoli con la discriminazione sono, aimé, destinati a non capire il concetto fondamentale di sviluppo. Rivolgendoci a quanti propugnano uno statalismo straccione, vogliamo sin d'ora precisare che siamo per la libertà e lo sviluppo, anche economico, dei popoli, che evidentemente non implica alcuna deportazione. Parlavo di statalismo straccione e desidero precisare il concetto. È straccione perché ritiene che la libertà e l'uguaglianza di un popolo consistano nel ricondurre tutti ad un pauperismo che sicuramente non è portatore di ideali quali quelli che noi sosteniamo. Riteniamo che l'educazione al rispetto ed anche alla valorizzazione delle diversità pos- sa senza dubbio agevolare lo sviluppo solidale tra popoli che, diversi, si stimano. Condivido quanto affermato dal collega Modigliani che chiariva la distinzione tra rispetto e tolleranza: sicuramente non si deve parlare di tolleranza ma di reciproca stima per le diverse culture. Questo non vuol dire annullare chicchessia, ma

valorizzare la libertà e l'autonomia dei popoli (Applausi dei deputati del gruppo della lega nord e repubblicano).
PRESIDENTE. Ha chiesto di parlare per dichiarazione di voto l'onorevole Boato. Ne ha facoltà.
MARCO BOATO. Signor Presidente, dichiaro il voto favorevole del gruppo dei verdi su questo provvedimento e comunico altresì di aver aggiunto la mia firma all'ordine del giorno Senese ed altri n. 9/2576/1 (Applausi).
PRESIDENTE. Sono così esaurite le dichiarazioni di voto sul provvedimento nel suo complesso. Prima di passare alla votazione finale, chiedo che la Presidenza sia autorizzata a procedere al coordinamento formale del te- sto approvato.
Se non vi sono obiezioni, rimane così stabilito. (Così rimane stabilito).
Passiamo alla votazione finale. Indico la votazione nominale finale, mediante procedimento elettronico, sul disegno di legge di conversione n. 2576, di cui si è testé concluso l'esame.
(Segue la votazione).
Dichiaro chiusa la votazione. Comunico il risultato della votazione: la Camera approva. («Conversione in legge, con modificazioni, del decreto-legge 26 aprile 1993, n. 122, recante misure urgenti in materia di discriminazione razziale, etnica e religiosa» (2576): Presenti 337 Votanti 325 Astenuti 12 Maggioranza 163 Hanno votato sì 324 Hanno votato no 1)
STEFANO BERNI. Chiedo di parlare per fatto personale.
PRESIDENTE. Ne ha facoltà.
STEFANO BERNI. Signor Presidente, a causa di un probabile contatto elettronico nella ventiduesima votazione non è stato registrato il mio voto contrario sull'emendamento Maceratini 2.8. Prego pertanto di intendere il voto che ho espresso in quell'occasione come contrario.
PRESIDENTE. Onorevole Berni, prendo atto di questa dichiarazione.
FERDINANDO FACCHIANO. Chiedo di parlare per fatto

personale.
PRESIDENTE. Ne ha facoltà.
FERDINANDO FACCHIANO. Signor Presidente, desidero far presente che non è stato registrato il mio voto favorevole sul disegno di legge n. 2576, di conversione del decreto- legge 26 aprile 1993, n. 122, poc'anzi approvato dalla Camera.
PRESIDENTE. La Presidenza, onorevole Facchiano, prende atto della sua dichiarazione, che resta anch'essa gli atti.

XI legislatura

PROGETTO DI LEGGE (Fase esposta)
C2576 Fase conclusa di iter concluso

Iter
C2576 / S1308 (assorbe il S0830).

Classificazione TESEO

DDL PERSEGUITATI POLITICI E RAZZIALI. RAZZISMO. MINORANZE ETNICHE E RELIGIOSE. LESIONI PERSONALI.

Articoli MISURE DI PREVENZIONE E SICUREZZA (Art. 2). ASSOCIAZIONI (Art. 1, 2). RIABILITAZIONE CIVILE E MILITARE (Art. 1). PENE DETENTIVE (Art. 1, 2). CIRCOSTANZE AGGRAVANTI (Art. 1, 3). PERQUISIZIONI (Art. 5). SEQUESTRO GIUDIZIARIO (Art. 5).

ARRESTO (Art. 6). INDAGINI GIUDIZIARIE (Art. 6). SCIOGLIMENTO DI ASSOCIAZIONI (Art. 7). DECRETI MINISTERIALI (Art. 7). ABROGAZIONE DI NORME (Art. 8). DIVIETI (Art. 1, 2). PENE ACCESSORIE (Art. 1). SERVIZI SOCIALI (Art. 1). GARE E MANIFESTAZIONI SPORTIVE (Art. 2). .

Nomi articoli MINISTERO DELL' INTERNO (Art. 7).

Natura

Di conversione di decreto-legge (N 0122 del 93/04/26 Gazzetta Ufficiale N 0097 del 93/04/27). Iscrizione all' OdG: 93/05/22.   Scadenza: 93/06/26.

Titoli

93/04/27 Conversione in legge del decreto-legge 26 aprile 1993, n. 122, recante misure urgenti in materia di discriminazione razziale, etnica e religiosa 93/06/15 Conversione in legge, con modificazioni, del decreto-legge 26 aprile 1993, n. 122, recante misure urgenti in materia di discriminazione razziale, etnica e religiosa

Iniziativa

Governo

D' iniziativa del Presidente del Consiglio AMATO GIULIANO del Ministro dell' Interno MANCINO NICOLA del Ministro di Grazia e Giustizia CONSO GIOVANNI (Governo Amato-1).

Stato iter
Senato Alla data del 93/06/23 approvato definitivamente. Legge n 0205 del 93/06/25 Gazzetta Ufficiale n 0148 del 93/06/26. Testo coordinato Gazzetta Ufficiale n 0148 del 93/06/26.

Presentazione
Presentato alla Camera dei Deputati il 93/04/27. Annunciato nella seduta A172 del 93/04/27.

Assegnazione
Assegnato alla Commissione II (Giustizia), in sede referente il 93/04/27.
Parere delle Commissioni I (Affari costituzionali), VII (Cultura, scienza e istruzione).
Assegnazione annunciata nella seduta A172 del 93/04/27.

Consultiva
Esaminato dalla Commissione I (Affari costituzionali), (conclusione ai sensi dell' art 96-bis reg Camera) il 93/04/28 (esito favorevole).
Esaminato dal comitato I (Affari costituzionali), il 93/05/07 (parere favorevole con osservazioni), il 93/05/07 (parere favorevole subordinato ad emendamenti).
Esaminato dal comitato VII (Cultura, scienza e istruzione), il 93/05/25 (parere favorevole con osservazioni).

Relatori

Relatore Dep GASPARI REMO (DC).

Trattazione

Esaminato dalla Commissione II (Giustizia) in sede referente nelle sedute del 93/04/29, del 93/05/05, del 93/05/11, del 93/05/12, del 93/05/18, del 93/05/19, del 93/05/20, del 93/05/25 (concluso l' esame).
Seduta A188 del 93/05/26 (autorizzata la relazione orale).
Discusso dall' Assemblea (conclusione ai sensi dell' articolo 96-bis Reg Camera) nella Seduta A189 del 93/05/27 (esito favorevole).
Discusso dall' Assemblea nella Seduta A193 del 93/06/08, Seduta A195 del 93/06/10, Seduta A198 del 93/06/15 (approvato con modificazioni) (effettuato coordinamento). Votazione per appello nominale- Astenuti: 012 Favorevoli: 324 Contrari: 001.

Interventi

In commissione

Interventi in Commissione.
Il 93/04/29 Dep GASPARI REMO (DC), Dep MODIGLIANI ENRICO (PRI), Dep MARTUCCI ALFONSO (PLI), Dep COLAIANNI NICOLA (PDS), Dep PAGANELLI ETTORE (DC).

Il 93/05/05 Dep MACERATINI GIULIO (MSI-DN), Dep GARGANI GIUSEPPE (DC), Dep GASPARI REMO (DC), Dep SENESE SALVATORE (PDS), Dep MARTUCCI ALFONSO (PLI).
Il 93/05/11 Dep GASPARI REMO (DC), Dep MARTUCCI ALFONSO (PLI).
Il 93/05/12 Dep GARGANI GIUSEPPE (DC), Dep GASPARI REMO (DC), Sottosegretario al Ministero di Grazia e Giustizia BINETTI VINCENZO, Dep MACERATINI GIULIO (MSI-DN), Dep COLAIANNI NICOLA (PDS), Dep MODIGLIANI ENRICO (PRI), Dep LAZZATI MARCELLO LUIGI (Lega Nord), Dep MARTUCCI ALFONSO (PLI), Dep ANEDDA GIANFRANCO (MSI-DN), Dep CESETTI FABRIZIO (PDS).
Il 93/05/18 Dep GARGANI GIUSEPPE (DC), Sottosegretario al Ministero di Grazia e Giustizia BINETTI VINCENZO, Dep MODIGLIANI ENRICO (PRI),

Dep MACERATINI GIULIO (MSI-DN), Dep MANCINI GIANMARCO (Lega Nord), Dep MARTUCCI ALFONSO (PLI), Dep GASPARI REMO (DC), Dep SENESE SALVATORE (PDS), Dep LAZZATI MARCELLO LUIGI (Lega Nord), Dep COLAIANNI NICOLA (PDS), Dep CESETTI FABRIZIO (PDS), Dep PECORARO SCANIO ALFONSO (Verdi).
Il 93/05/19 Dep GARGANI GIUSEPPE (DC), Dep MACERATINI GIULIO (MSI-DN), Dep SENESE SALVATORE (PDS), Dep CASINI CARLO (DC), Dep LAZZATI MARCELLO LUIGI (Lega Nord), Dep MARTUCCI ALFONSO (PLI), Dep MODIGLIANI ENRICO (PRI), Dep ANEDDA GIANFRANCO (MSI-DN), Dep GASPARI REMO (DC), Sottosegretario al Ministero dell' Interno MURMURA ANTONINO.
Il 93/05/20 Dep GARGANI GIUSEPPE (DC), Sottosegretario

al Ministero di Grazia e Giustizia BINETTI VINCENZO, Dep COLAIANNI NICOLA (PDS), Dep GASPARI REMO (DC), Dep PAGGINI ROBERTO (PRI), Dep DIANA LINO (DC), Dep DE SIMONE ANDREA CARMINE (PDS), Sottosegretario al Ministero dell' Interno MURMURA ANTONINO, Dep MODIGLIANI ENRICO (PRI), Dep LAZZATI MARCELLO LUIGI (Lega Nord), Dep MACERATINI GIULIO (MSI-DN), Dep SENESE SALVATORE (PDS).

Il 93/05/25 Dep GARGANI GIUSEPPE (DC), Dep LAZZATI MARCELLO LUIGI (Lega Nord), Dep SENESE SALVATORE (PDS), Dep ANEDDA GIANFRANCO (MSI-DN), Dep MACERATINI GIULIO (MSI-DN), Sottosegretario al Ministero dell' Interno MURMURA ANTONINO, Dep MODIGLIANI ENRICO (PRI), Dep GASPARI REMO (DC).

Voto
Dichiarazioni di voto rese nella seduta A198 dell' Assemblea del 93/06/15.
Favorevole a nome del Gruppo Dep MANTOVANI RAMON (Rif comunista), Dep MARTUCCI ALFONSO (PLI), Dep COLAIANNI NICOLA (PDS), Dep TARADASH MARCO (FEE), Dep MODIGLIANI ENRICO (PRI), Dep LAZZATI MARCELLO LUIGI (Lega Nord), Dep BOATO MARCO (Verdi).
Di astensione a nome del Gruppo Dep MACERATINI GIULIO (MSI-DN).

Stato fase
Camera Alla data del 93/06/15 approvato con modificazioni.

XI legislatura

PROGETTO DI LEGGE (Fase esposta)
S0830 Fase conclusa di iter concluso

Iter
S0830 (assorbito dal S1308).

Classificazione TESEO

DDL RAZZISMO.   DIRITTO PENALE.   .
Articoli REATI (Art. 1 - 5).   CIRCOSTANZE AGGRAVANTI (Art. 1).   INDAGINI GIUDIZIARIE (Art. 2).   COMPETENZA

PER MATERIA (Art. 3). TRIBUNALI (Art. 3). PENE DETENTIVE (Art. 3). GIUDIZIO DIRETTISSIMO (Art. 4). LESIONI PERSONALI (Art. 5). LESIONI PERSONALI (Art. 5). .

Titoli

92/12/09 Disposizioni in materia di repressione dei reati commessi per odio razziale o religioso, ovvero per motivi di antisemitismo o xenofobia

Iniziativa

D' iniziativa del Sen BRUTTI MASSIMO (PDS).

Cofirmatari

Cofirmatari Sen CHIARANTE GIUSEPPE ANTONIO (PDS) Sen TEDESCO TATO' GIGLIA (PDS) Sen RANIERI UMBERTO (PDS) Sen PECCHIOLI UGO (PDS) Sen BARBIERI SILVIA (PDS) Sen GUERZONI LUCIANO (PDS) Sen D'ALESSANDRO PRISCO FRANCA (PDS) Sen SALVI CESARE (PDS) Sen TOSSI BRUTTI GRAZIELLA (PDS) Sen TRONTI MARIO (PDS) Sen CHIAROMONTE GERARDO (PDS) Sen FABJ RAMOUS ADA VALERIA (PDS) Sen MASIELLO COSIMO ENNIO (PDS) Sen BOLDRINI ARRIGO (PDS).

Stato iter

Senato Alla data del 93/06/23 assorbito.

Presentazione

Presentato al Senato il 92/12/03. Annunciato nella seduta P080 del 92/12/09.

Assegnazione

Assegnato alla Commissione II (Giustizia), in sede referente il 93/03/10.
Parere della Commissione I (Affari costituzionali). Assegnazione annunciata nella seduta P124 del 93/03/10.

Relatori

Relatore alla Commissione Sen MASIELLO COSIMO ENNIO (PDS).
Sostituito dal Sen DI LEMBO OSVALDO (DC) il 93/06/22.

Trattazione

Esaminato dalla Commissione II (Giustizia) in sede referente nelle sedute del 93/06/22 (discusso congiuntamente con S1308), del 93/06/22 (concluso l'esame).
Seduta P175 del 93/06/23 (autorizzata la relazione orale).
Discusso dall'Assemblea nella Seduta P175 del 93/06/23 (assorbito dal S1308).

Interventi

In commissione

Interventi in Commissione.
Il 93/06/22 Sen RIZ ROLAND (Misto-SVP), Sen DI LEMBO OSVALDO (DC), Sen BRUTTI MASSIMO (PDS), Sen PREIONI MARCO (Lega Nord), Sen PINTO MICHELE (DC), Sen CAPPIELLO AGATA ALMA (PSI), Sen SALVATO ERSILIA (Rif comunista), Sen FILETTI CRISTOFORO (MSI-DN), Sen COCO GIOVANNI SILVESTRO (DC), Sottosegretario al Ministero dell' Interno MURMURA ANTONINO, Sen BODO GIUSEPPE (Lega Nord).

Voto
Dichiarazioni di voto rese nella seduta P175 dell' Assemblea del 93/06/23.
Favorevole a nome del Gruppo Sen CAPPIELLO AGATA ALMA (PSI), Sen MANZINI GIOVANNI (DC), Sen COVI GIORGIO (PRI), Sen BRUTTI MASSIMO (PDS).
Di astensione a nome del Gruppo Sen FILETTI CRISTOFORO (MSI-DN), Sen MOLINARI EMILIO (Verdi-La Rete).

Stato fase
Senato Alla data del 93/06/23 assorbito.

XI legislatura

PROGETTO DI LEGGE (Fase esposta)
S1308 Fase conclusa di iter concluso

Iter
C2576 / S1308 (assorbe il S0830).

Classificazione TESEO

> **DDL** PERSEGUITATI POLITICI E RAZZIALI. RAZZISMO.

Articoli MINORANZE ETNICHE E RELIGIOSE. LESIONI PERSONALI. MISURE DI PREVENZIONE E SICUREZZA (Art. 2). ASSOCIAZIONI (Art. 1, 2). RIABILITAZIONE CIVILE E MILITARE (Art. 1). PENE DETENTIVE (Art. 1, 2). CIRCOSTANZE AGGRAVANTI (Art. 1, 3). PERQUISIZIONI (Art. 5). SEQUESTRO GIUDIZIARIO (Art. 5). ARRESTO (Art. 6). INDAGINI GIUDIZIARIE (Art. 6). SCIOGLIMENTO DI ASSOCIAZIONI (Art. 7). DECRETI MINISTERIALI (Art. 7). ABROGAZIONE DI NORME (Art. 8). DIVIETI (Art. 1, 2). PENE ACCESSORIE (Art. 1). SERVIZI SOCIALI (Art. 1). GARE E MANIFESTAZIONI SPORTIVE (Art. 2).

Nomi articoli MINISTERO DELL' INTERNO (Art. 7).

Natura
Di conversione di decreto-legge (N 0122 del 93/04/26 Gazzetta Ufficiale N 0097 del 93/04/27). Iscrizione all' OdG: 93/05/22. Scadenza: 93/06/26.

Titoli
93/04/27 Conversione in legge del decreto-legge 26 aprile 1993, n. 122, recante misure urgenti in materia di discriminazione razziale, etnica e religiosa 93/06/15

Conversione in legge, con modificazioni, del decreto-legge 26 aprile 1993, n. 122, recante misure urgenti in materia di discriminazione razziale, etnica e religiosa

Iniziativa

Governo

D' iniziativa del Presidente del Consiglio AMATO GIULIANO del Ministro dell' Interno MANCINO NICOLA del Ministro di Grazia e Giustizia CONSO GIOVANNI (Governo Amato-1).
.

Stato iter

Senato Alla data del 93/06/23 approvato definitivamente. Legge n 0205 del 93/06/25 Gazzetta Ufficiale n 0148 del 93/06/26. Testo coordinato Gazzetta Ufficiale n 0148 del 93/06/26.

Presentazione

Trasmesso dalla Camera dei Deputati il 93/06/16. Annunciato nella seduta P170 del 93/06/16.

Assegnazione

Assegnato alla Commissione II (Giustizia), in sede referente il 93/06/16.
Parere della Commissione I (Affari costituzionali). Assegnazione annunciata nella seduta P170 del 93/06/16.

Consultiva

Esaminato dalla Commissione I (Affari costituzionali), (conclusione ai sensi dell' art 78 reg

Senato) il 93/06/17 (esito favorevole).
Esaminato dalla Sottocommissione I (Affari costituzionali), il 93/06/23 (parere favorevole con osservazioni).

Relatori

Relatore alla Commissione Sen MASIELLO COSIMO ENNIO (PDS).
Sostituito dal Sen DI LEMBO OSVALDO (DC) il 93/06/22.

Trattazione

Esaminato dalla Commissione II (Giustizia) in sede referente nelle sedute del 93/06/22 (discusso congiuntamente con S0830), del 93/06/22 (concluso l'esame).
Seduta P175 del 93/06/23 (autorizzata la relazione orale).
Discusso dall' Assemblea nella Seduta P175 del 93/06/23 (assorbimento di S0830), (approvato definitivamente).

Interventi

In commissione

> Interventi in Commissione.
> Il 93/06/22 in discussione congiunta (vedi S0830).

Voto

Dichiarazioni di voto rese nella seduta P175 dell'

Assemblea del 93/06/23.
Favorevole a nome del Gruppo Sen CAPPIELLO AGATA ALMA (PSI), Sen MANZINI GIOVANNI (DC), Sen COVI GIORGIO (PRI), Sen BRUTTI MASSIMO (PDS).
Di astensione a nome del Gruppo Sen FILETTI CRISTOFORO (MSI-DN), Sen MOLINARI EMILIO (Verdi-La Rete).

Stato fase
Senato Alla data del 93/06/23 approvato definitivamente. Legge n 0205 del 93/06/25 Gazzetta Ufficiale n 0148 del 93/06/26. Testo coordinato Gazzetta Ufficiale n 0148 del 93/06/26.

LEGGE 25 giugno 1993, n. 205
Conversione in legge, con modificazioni, del decreto-legge 26 aprile 1993, n. 122, recante misure urgenti in materia di discriminazione razziale, etnica e religiosa.
(GU n.148 del 26-6-1993)

LAVORI PREPARATORI
  Camera dei deputati (atto n. 2576):
    Presentato dal Presidente del Consiglio

dei Ministri (AMATO) e dai Ministri dell'interno (MANCINO) e di grazia e giustizia (CONSO) il 27 aprile 1993.

Assegnato alla II commissione (Giustizia), in sede referente, il 27 aprile 1993, con pareri delle commissioni I e VII.

Esaminato dalla I commissione (Affari costituzionali), in sede consultiva, sull'esistenza dei presupposti di costituzionalita', il 28 aprile 1993.

Esaminato in aula, sull'esistenza dei presupposti di costituzionalita', il 27 maggio 1993.

Esaminato dalla II commissione il 29 aprile, il 5, l'11, il 12, il 18, il 19, il 20 e il 25 maggio 1993.

Esaminato in aula l'8 e il 10 giugno 1993 e approvato il 15 giugno 1993.

Senato della Repubblica (atto n. 1308):

Assegnato alla 2a commissione (Giustizia), in sede referente, il 16 giugno 1993, con pareri della commissione 1a.

Esaminato dalla 1a commissione (Affari costituzionali), in sede consultiva, sull'esistenza dei presupposti di costituzionalita', il 17 giugno 1993.

Esaminato dalla 2a commissione il 22 giugno 1993.

Esaminato in aula e approvato il 23 giugno 1993.

LEGGE MANCINO

Premetto che ricordo l'Onorevole Nicola Mancino solo quale Presidente del Senato della Repubblica negli anni 90, e relativamente alla trattativa Stato-Mafia di cui recentemente si è parlato, ma ignoravo l'esistenza di una Legge che portasse il suo nome.

Mi sono perciò documentato e vi invito a riflettere su alcuni articoli di stampa che ho trovato e che porto alla vostra conoscenza. Molti sono scritti dall'ebreo Massimo Fini, uno dei pochi giornalisti che stimo (a conferma che le teorie della Procura romana sul mio razzismo anti-ebraico, sono campate per aria).

http://www.fascinazione.info/2012/11/stormfront-cosi-martinez-destruttura-il.html
Stamattina, stavo per pubblicare questo post, riguardante il forum di autoaiuto globale per affetti da sindrome di melaninodeficienza, denominato Stormfront, dove il nostro sito è stato citato come un pericoloso sito "comunista filoislamico", quando apro il sito di Repubblica. E vedo – sotto titoli urlati ("Neonazisti, la lista della vergogna") – che un certo Der WeisseWolf (il tedesco va di moda da quelle parti, almeno finché non chiedi loro il genere dei sostantivi) ha aperto quasi un anno fa un thread su Stormfront in cui vengono fuori notizie come il fatto che Gad Lerner è ebreo (cosa che credo si veda anche sul suo sito) e che Susanna Tamaro (come Hermann Göring, ma questo Der WeisseWolf non lo dice) è cresciuta in una famiglia ebraica.

Per l'occasione Martinez notava che l'allarme sociale che si scatena per i post antisemiti non trova corrispondeva in altre espressioni violentemente razziste pur presenti in Stormfront

Stormfront in realtà è politicamente corretto, e distribuisce equamente le sue antipatie. Il thread denunciato da Repubblica ("Il Giudaismo internazionale") appare infatti in compagnia dei seguenti thread, di cui il giornalista di Repubblica non si è minimamente accorto:

IL PERICOLO GIALLO

INVASIONE ALLOGENI: 4 MILIONI! (il 20% IRREGOLARE!)

PERICOLO ISLAMICO E DHIMMITUDINE

Negrolandia: l'inferno dei morti che camminano [1]

Ma, come ci racconta un bellissimo articolo di Les Indigènes du Royaume, su tali temi, la distanza tra il discorso dei più sciroccati neonazisti e il giornalismo mainstream è sempre minore.

Oggi invece Martinez coglie il dispositivo attraverso cui è scattata la criminalizzazione. E la circostanza che a essere finiti in galera siano stati soggetti che esprimono pensieri indicibili e insopportabili non lo induce affatto a recedere dal filo rosso del suo ragionamento libertario:

I quattro giovani sono accusati sostanzialmente di mettersi davanti a uno schermo, in casa propria e di sfogarsi su un forum negli Stati Uniti, scrivendo cose che almeno negli Stati Uniti non sono reato. Insomma, un'attività che li accomuna a qualche decina di milione di brufolosi e post-brufolosi di ogni colore, da Peshawar a Praga. Proprio il fatto che sparino sciocchezze, senza pensare minimamente alle conseguenze che avranno per se stessi, indica quanto siano poco pericolosi. Per trasformare un delitto di stile in un delitto da galera, si adopera una delle tecniche più vecchie del dispositivo di repressione democratica: il concetto di associazione. Io da solo e tu da solo pensiamo o scriviamo cose sgradevoli, senza però fare male a nessuno. E' difficile dimostrare che siamo da rinchiudere. Ma se tra me e te c'è qualche associazione, una criminal conspiracy come si dice in inglese, allora ogni mio e tuo pensiero o scritto diventa la prova di un tremendo complotto, un delitto che magari non si è ancora realizzato, ma che va stroncato con pene feroci. Le mie opinioni non sono quindi più tali, ma diventano indizi che aiutano a svelare gli obiettivi segreti del presunto Complotto; tanto meglio se si riesce ad aggiungere qualche oggetto materiale, normalmente innocuo – un coltello, un barattolo di vernice – che però nell'ambito del Complotto assume tutt'altro significato. L'associazione è quella cosa che permette a un pubblico ministero bravo di trasformare un non reato in molti anni di carcere. E' un meccanismo che abbiamo visto applicato innumerevoli volte contro musulmani e anarchici in Italia e altrove (ma a queste cose gli autoreferenziali giovanotti melaninodeficienti non ci arrivano).

Non a caso Repubblica sostiene, ed enfatizza

nell'edizione on line con un titolo ingannevole "Raid anti-nomadi" che

Secondo il questore di Roma, gli aderenti a Stormfront erano pronti anche ad "attacchi a campi nomadi e altri obiettivi di interesse per chi ha questo tipo di ideologia" situate soprattutto nel nord Italia.

Ma che significa pronti? Mentalmente disposti? Perché non c'è traccia - né viene contestata a quanto risulta dalle notizie diffuse - di iniziative organizzative tese a sviluppare attività operative. Il capo di imputazione parla infatti soltanto di diffusione on line di idee e di incitamento, avendo acquisito:

"concreti elementi di prova a carico di 21 cittadini italiani, sottoposti ad indagine in ordine ai delitti previsti dalla legge 13 ottobre 1975 n. 654, per essersi associati, accomunati da una vocazione ideologica di estrema destra nazionalsocialista, allo scopo di commettere piu' delitti di diffusione on line di ideologie fondate sulla superiorita' della razza bianca, sull'odio razziale ed etnico e di incitamento a commettere atti di discriminazione e di violenza per motivi razziali ed etnici".

No, la realtà di Stormfront nasce (e muore) come espressione tutta interna al parallelo universo del web 2.0 che talvolta produce effetti di realtà anche atroce (fino al delitto) ma che nella stragrande maggioranza dei casi si risolve in questa dimensione rarefatta dell'essere. Sovente in questo blog anonimi militanti replicano a commenti saccenti di altri anonimi liquidandoli come "leoni da tastiera", un sintagma che mi sembra il calco post-moderno delle "tigri di carta" di maoista memoria.

Con una prassi inconsueta oltre agli arresti sono stati diffusi i nomi e le località di residenza dei 17 denunciati. Uno di questi è un giovanotto di 21 anni, residente a Somma di Massa, un paesello (seimila abitanti) alle pendici del monte Somma, quasi completamente distrutto dall'eruzione del Vesuvio del 1944 e quindi risorto nel segno dell'edilizia predatoria e devastante che ha distrutto il Bel Paese negli ultimi sessant'anni . Un paese in cui i luoghi della memoria sono stati cancellati dalla catastrofe e che è diventato brutto, come tanti dell'hinterland napoletano, eppure in cui non esiste un problema di "invasione allogena". Ma alla fine è solo un'idea consolatoria la mia, del volermi convincere che è una realtà squallida a generare i cattivi pensieri.

Massimo Fini. Canale youtube ilfatto quotidiano.

Il web, quello lì non lo controllano. Ci sono tutta una serie di leggi liberticide che sono del codice Rocco, quindi del codice fascista, che peraltro era un' ottimo codice, bastava togliere il vilipendio alla bandiera, il vilipendio al Capo dello Stato, adesso hanno aggiunto la legge Mancino contro le espressioni di odio razziale o cose di questo genere.

Insomma l'odio per esempio è un sentimento e

nessun legislatore ha mai tentato di mettere le manette persino ai sentimenti. Una cosa è io odio chi mi pare, dopo di che se ti tocco un capello vado in galera, ma capisci ? Non può essere un reato questo. E piano piano direi che il tentativo di limitare qualsiasi espressione di dissenso.

Non sottovaluterei appunto tutti i tentativi di censura sul linguaggio che è tipico di un regime dittatoriale. E' un segnale. E ripeto come insegna bene Orwell, in 1984, si crea una sorta di neo-lingua funzionale al potere, un'omologazione totale.

Bisogna tenere presente naturalmente che questo non è un fenomeno solo Italiano, diciamo che in Italia assume forme più vistose ma è il tentativo di omologare tutto a uno stesso modello, a uno stesso mondo, eccetera eccetera, è Occidentale ed è Mondiale.

Ci si può dire liberamente antifascisti. Oppure comunisti. Ma non naziskin. Perché questa democrazia considera le opinioni un reato.

Massimo Fini da Il Borghese del 17/06/1997

I fatti sono i seguenti. Nei giorni scorsi la Procura di Roma, nelle persone dei sostituti Jonta, Saviotti e Salvi, ha emesso nove ordini di cattura nei confronti di otto Hammerskin (media degli arrestati 17 anni), una fazione dei maggiormente noti Naziskin, e di un più maturo esponente della destra extrparlamentare, Roberto Fiore, 39 anni, latitante a Londra. Sono gli esiti di un inchiesta poliziesco-giudiziaria iniziata un paio di anni fa, denominata «operazione Thor», che portò ad una serie di perquisizioni in tutta Italia nelle sedi e nella casa degli Hammerskin durante la quale non fu trovata alcuna arma ma vennero rinvenuti in abbondanza giubbotti «bomber», stivali anfibi e volantini fra cui il pericoloso deca-logo di questa setta che così recita: «Divieto di Bestemmia/Frequenza obbligatoria alle riunioni/Comportamento esemplare/Lealtà e fratellanza, fiducia verso i Camerati/Il valore più importante che ci hanno insegnato i Padri è il donarsi/Solidarietà nei momenti difficili/La donna è importante e degna di rispetto in quanto madre dei nostri figli/La Fede nel tradizionalismo cattolico unisce secondo il motto Dio, Patria e famiglia». Per queste baggianate è scattato l arresto in base alla «legge Mancino» che vieta ogni attività discriminatoria, anche solo verbale, verso qualsiasi razza e religione. Evidentemente, i Pubblici ministeri romani hanno ritenuto di rinvenire questa attività discriminatoria nel complesso dell ideologia e degli atteggiamenti degli Hammerskin anche perché sullo sfondo, pur se non direttamente addebitati agli esponenti di questo gruppo, ci sono due pestaggi a immigrati e la profanazione di un cimitero. Gli Hammerskin <u>sono stati dunque accusati e messi agli arresti per aver espresso delle mere opinioni. Lo ha ammesso lo stesso dirigente della Digos, Domenico Vulpiani, che ha condotto l«operazione Thor» il quale ha affermato alla Tv: «Li abbiamo fermati alla fase delle dichiarazioni». Ciò è stato possibile grazie alla legge Mancino che configura reati d opinione. Ora, in un sistema democratico la «legge Mancino» sarebbe</u>

fuorilegge. La democrazia infatti, a differenza della dittatura, non è un ideologia ma un metodo in cui tutte, dico tutte, le manifestazioni del pensiero, per aberranti che possano apparire alla «communis opinio», sono legittime e hanno diritto di cittadinanza, purché non vengano fatte valere con la violenza. Il discrimine non sta dunque, e appunto nell ideologia, che può essere una qualunque, ma nel metodo. Se io voglio vestirmi da nazi, tatuarmi delle svastiche, raparmi i capelli a zero, dichiararmi antisemita, antinero, antibianco, antikhomeinista, khomeinista, fascista, nazionalsocialista, stalinista, seguace di Poi Pot, fan delle rune e delle croci celtiche, ho diritto di farlo. Sono cazzi esclusivamente miei. Purtroppo la nostra cosiddetta democrazia si avvale di un codice pieno zeppo di norme liberticide (si pensi solo alla legge Scelba che vieta la ricostituzione del Partito fascista) cui col tempo sene sono aggiunte altre ancora più gravi, come la «Mancino», che consentono qualsiasi arbitrio. Si può anche osservare che mentre durante la Prima Repubblica i democristiani erano stati sufficientemente cauti e intelligenti da far sì che le leggi liberticide restassero lettera morta ora, in era Pds, tali leggi cominciano ad essere utilizzate a tappeto. Il lupo totalitario perde il pelo ma non il vizio. Quasi tutte le incriminazioni di Bossi e dei suoi leghisti riguardano tipici reati di opinione come quelli, ridicoli, dell «oltraggio alla bandiera» e dell aver «depresso il sentimento nazionale» (ed invece, in un regime democratico, io devo poter dire che i mio Paese mi fa schifo e che sputo sulla sua bandiera). In ogni caso l inchiesta sugli Hammerskin e il mandato d arresto per nove persone che non hanno espresso che delle opinioni dovrebbero essere miele perle api «garantiste» in servizio permanente effettivo. E invece dai Pera, dagli Sgarbi, dalle Maiolo, dai Ferrara non è venuto nemmeno un vagito. Anzi il Giornale ha rifiutato una pubblicazione a pagamento in cui i rappresentanti degli Hammerskin, sia pur con toni molto moderati, accusavano la magistratura di prestarsi al giro della sinistra governante che vuole eliminare dalla faccia della terra tutti gli oppositori e tutti coloro che sono portatori di idee contrarie alle sue. La stupefacente risposta dei vertici del Giornale è stata: che «non si possono muovere accuse di tale gravità alla magistratura». Stupefacente, perché son cinque anni che il Giornale urla a squarciagola proprio queste stesse, stessissime, accuse. Già; ma gli Hammerskin non fan parte del giro degli «eccellenti» e dei «Vip» della delinquenza, non hanno denaro a strafottere, collegi di avvocati e media che li difendano: Son degli isolati e dei marginali cui si può fare tutto ciò che si vuole. Ma in una democrazia sono proprio le minoranze più minoranze che vanno più tutelate. Peccato che in questa nostra bella Italia scopertasi improvvisamente tutta liberale, liberista e libertaria si sia dimenticato il credo di uno dei padri della democrazia liberale, quel Voltaire che ha detto: «Non sono d accordo con le tue opinioni, ma lotterò fino alla morte per difendere il tuo diritto ad esprimerle». Qui da noi si difendono le opinioni (e anche qualcos altro) solo di quelli che hanno quattrini. Fa più chic. È il «Vipgarantismo».

Liberi, davvero?
di Massimo Fini | 10 ottobre 2010

Mi chiedo, a volte, se in Italia e nelle democrazie europee esiste ancora la libertà di espressione. La comunità ebraica per una frase infelice, ma non più che infelice, sulla kippah detta in Senato dall'onorevole del Pdl Ciarrapico – che ben più sostanziali magagne ha sul groppone – ne ha chiesto l'espulsione dal Parlamento. Daniele Nahum, presidente dei Giovani ebrei italiani, ha dichiarato: "L'espulsione è un atto dovuto perché in quelle parole sono intesi comportamenti antisemiti che devono essere puniti" (ci si è dimenticati che un parlamentare è irresponsabile per ciò che dice nell'esercizio delle sue funzioni). Il pm di Varese ha incriminato 22 giovani, che nel 2007 avevano festeggiato, in una birreria di Buguggiate, il compleanno di Hitler e intonato cori nazisti, "per incitamento alla discriminazione e alla violenza per motivi etnici e razziali". La Digos ha poi seguito questi ragazzi e ha potuto appurare che non fanno parte di nessuna organizzazione e che non hanno commesso, né in quella occasione né in altre, alcun atto di violenza per cui è caduta l'imputazione di "ricostituzione del partito nazista". Sono stati incriminati quindi solo per aver espresso il loro credo politico, in base alla "legge Mancino". Se fosse viva, Oriana Fallaci sarebbe sotto processo in Francia "per incitamento all'odio razziale", a causa dei suoi pamphlet antislamici. Sotto processo ad Amsterdam è Geert Wilders, il deputato anti-islam che alle recenti elezioni ha ottenuto un milione e mezzo di voti, per aver paragonato il Corano al Mein Kampf. In Francia è proibito indossare il burqa nei luoghi pubblici in nome della laicità dello Stato. In Italia è proibito con l'escamotage che il viso deve essere scoperto (e allora proibiamo anche i caschi da moto sotto cui si mascherano spesso i killer, mentre una donna in burqa è molto meno insidiosa proprio per l'evidenza del suo vestire). Nelle democrazie baltiche è punita "l'apologia del comunismo". A Vienna lo storico inglese David Irving si è fatto due anni di carcere perché nei suoi libri ridimensiona le cifre dell'Olocausto (sia chiaro che, per quanto mi riguarda, questi macabri conteggi sono totalmente privi di senso, l'orrore non cambierebbe di un ette se gli ebrei sterminati fossero 4 milioni invece di 6 e nemmeno se un solo bambino ebreo o palestinese o malgascio fosse stato o fosse ucciso solo perché ebreo o palestinese o malgascio). Una democrazia, se è tale, deve accettare tutte le opinioni anche quelle anti-democratiche o che paiono più aberranti. È il prezzo che paga a se stessa e che la distingue dai regimi totalitari. L'unico discrimine è che nessuna idea, giusta o sbagliata che sia, può essere fatta valere con la violenza. L'odio, anche razziale, è un sentimento e non si possono mettere le manette ai sentimenti. Io ho diritto di odiare chi mi pare. Ma se gli torco anche un solo capello devo andare in gattabuia. Se in una democrazia, pur con le migliori intenzioni, si limita, anche solo parzialmente, la libertà di espressione su cui si basa si sa da dove si comincia ma non dove si va a finire. Non per nulla il più deciso avversario della legge Scelba, che puniva come reato "la ricostituzione del partito fascista", fu Togliatti che, da quell'uomo intelligente che era, capiva benissimo che si inizia con i fascisti e si finisce con i comunisti. Oggi si puniscono le espressioni razziste, anti- semite, anti-islamiche e in tal modo si è imboccata, in Italia, una strada scivolosa per cui domani potrebbero essere considerati reati manifestazioni di anti-americanismo, di anti-nazionalismo, il parteggiare per i talebani e così via. La "legge Mancino", diciamo le cose come stanno, è una legge liberticida, degna di un regime fascista.

I GARANTISTI SU MISURA

Massimo Fini, www.ilfattoquotidiano.it 29.09.2012

Prima che il "caso Sallusti" andasse a finire a "tarallucci e vino" come sempre avviene in questo Paese quando ci sono di mezzo i potenti e i privilegiati (è pressoché certo, col clima di indignazione ipocrita che si è creato da parte di ogni genere di collitorti, politici, giornalisti, napolitani, che nelle more del periodo di sospensione della pena concesso dal Procuratore capo di Milano, il governo o il Parlamento vareranno una legge 'ad hoc' che salverà il direttore del Giornale dal carcere, ma che, fatta in tutta fretta, ingarbuglierà ulteriormente la questione della diffamazione), Giuliano Ferrara scriveva: "Ecco la trasformazione di una posizione di offesa in una violenza della legge, una legge sbagliata, ma che ha per conseguenza un atto violento su una persona... un uomo, un professionista che lavora nell'informazione, un cittadino che perde il diritto alla libertà personale".

È ovvio che per un professionista, che in genere abita in una bella casa e ha un certo train de vie, finire in carcere è molto più doloroso che per un ragazzo di strada che ha forzato la cassa di un supermercato. Ma il Codice non stabilisce razzisticamente le pene a seconda della tipologia del reo, ma di quella dei reati. È altrettanto ovvio che la privazione della libertà personale è una violenza sul cittadino, la massima che uno Stato di diritto può permettersi. Ma una comunità, se vuole tenersi insieme, deve darsi concordemente delle regole e se non vuole che restino lettera morta deve stabilire delle pene per chi le viola. Rinunciare alla violenza della legge significa aprire la strada alla legge della violenza. Cioè alla violenza del più forte. Che è quanto sta accadendo in Italia da molti anni.

La "pasionaria" Daniela Santanchè ha detto che si incatenerà a non so cosa in difesa di Sallusti. Ma questa stessa Santanchè nel caso di presunti stupratori (del tutto presunti perché non erano ancora stati rinviati a giudizio) ha gridato: "In galera subito! E buttare via le chiavi". Questi sono i garantisti a giorni alterni e a rei alterni. In realtà in Italia si sta affermando un doppio diritto penale: uno soft, fin quasi all'impunità, per i reati tipici di "lorsignori", uno durissimo per i reati da strada che son quelli commessi dai poveracci. Ma questa è la vecchia, cara, schifosa, giustizia di classe. Io non ci sto.

Una grande, e voluta, confusione si è fatta sulla libertà d'opinione. Una cosa è se io scrivo che il giudice Caio è un incapace, questa è un'opinione, come tale, appunto, opinabile, altra se scrivo che ha ordinato un aborto a una minorenne. Questa non è un'opinione, ma l'attribuzione di un fatto determinato, che non è opinabile. Se è vero il giornalista avrà fatto bene il suo mestiere, se è falso è diffamazione (il tuo vero errore, Sandro, è stato di fidarti di un dilettante allo sbaraglio, quel Renato Farina che faceva il giornalista, soi-disant, e contemporaneamente la spia per i Servizi). Ciò che va eliminata non è la diffamazione, ma la serqua di reati liberticidi di cui il nostro Codice è zeppo e che sono indegni, essi sì, di una democrazia: vilipendio alla bandiera, vilipendio al Capo dello Stato, vilipendio alle Forze armate, vilipendio alla religione fino alla recente legge Mancino che punisce con tre anni di reclusione "l'odio razziale o etnico". L'odio è un sentimento e, come tale, a differenza dell'opinione, non controllabile. Nessuno, finora, nemmeno i dittatori, si erano spinti fino a mettere le manette ai sentimenti. Io ho il diritto di odiare chi mi pare, restando chiaro che se solo tento di torcergli un capello devo andare dritto e di filato in gattabuia. Con buona pace di Giuliano Ferrara e dell'indiscriminato "diritto alla libertà personale".

Ecco la legge che imprigiona i sentimenti, Massimo Fini, Il Gazzettino, 25 ottobre 2013

Come se non bastassero i reati liberticidi contemplati nella legge Mancino (istigazione all'odio razziale, antisemitismo, xenofobia) cui si è aggiunto di recente l'omofobia, adesso la Commissione Giustizia del Senato ha approvato all'unanimità una nuova fattispecie di reato, il negazionismo, per cui si punisce con la reclusione da uno a sette anni chi «nega l'esistenza di crimini di genocidio o contro l'umanità». Ma prima di entrare nel merito di questo reato di nuovo conio, che ha nel mirino soprattutto se non esclusivamente i negazionisti dell'Olocausto, è bene chiarire che cosa si intende per istigazione. Se io dico «Gli ebrei che vivono a Venezia devono essere uccisi» è istigazione a delinquere perchè incito, sia pur genericamente, a commettere un reato, l'omicidio. Ma questo vale per tutti i reati contemplati dal Codice penale (art.115 c.p.). Ma se io dico «Odio tutti gli ebrei che

vivono a Venezia» dico una cosa stupida ma non istigo nessuno a commettere un reato a meno che non si consideri tale l'odio in sè e per sè come fa la legge Mancino. Ma l'odio, come la gelosia o l'ira, è un sentimento e nessun regime, nemmeno il più totalitario, aveva mai tentato, prima degli attuali regimi che si dicono liberali, di mettere le manette ai sentimenti. Ecco perchè considero la legge Mancino ultraliberticida, perchè manda al gabbio non solo le idee che non piacciono alla 'communis opinio' ma anche ai sentimenti.

Col reato di negazionismo ci si spinge ancora un po' più in là. Come osserva il magistrato penale Mauro Marra in una mail che mi ha gentilmente inviato: «Non si sanziona più solo l'istigazione o l'apologia di delitti contro l'umanità, ma anche il semplice fatto di negarne l'esistenza». Un puro reato di opinione se mai ne n'è stato uno. Il che ha l'ulteriore conseguenza di impedire la ricerca. In Austria, dove questo reato esiste già, è stato condannato alla reclusione per tre anni (ne ha scontato poi circa la metà) lo storico inglese David Irving che in base a delle sue ricerche, pubblicate nel libro La guerra di Hitler, non nega l'Olocausto ma ne ridimensiona l'entità. Peraltro ha pochissimo significato se gli ebrei finiti nelle camere a gas siano stati, per ipotesi, quattro milioni invece di sei, perchè non è una questione di quantità ma di qualità, cioè il crimine e l'orrore stanno nel motivo per cui furono internati e uccisi: per il solo fatto di essere ebrei. E' questa la specificità dell'Olocausto, il motivo che lo differenzia dagli altri 50 milioni di morti della seconda guerra mondiale. Ma se uno storico vuole fare ricerche in tal senso ha il pieno diritto di farlo, assumendosene la responsabilità che è morale ma non puo' essere penale, a meno che, senza voler fare paragoni blasfemi ma solo per intendere meglio i principi che sono in gioco e le

conseguenze della loro violazione, non si voglia tornare all'epoca di Galileo e del cardinale Bellarmino. Infine il reato di negazionismo sarebbe controproducente rispetto ai suoi fini.] Perchè come ogni proibizionismo ecciterebbe la trasgressione, soprattutto nelle menti giovanili. Come ci insegna la Storia, anche recente, e come sa chiunque abbia, o abbia avuto, figli adolescenti.

<u>Napolitano, chi critica il Re merita il carcere .</u>
<u>di Massimo Fini – 19/01/2014</u>

Con Peter Gomez ho presentato a Milano il libro di Travaglio Viva il Re!. C'è voluta proprio tutta l'insipienza e la mediocrità della classe politica italiana degli ultimi anni per far assurgere Giorgio Napolitano a un ruolo di protagonista. Nel Pci d'antan, quello dei Togliatti, degli Amendola, dei Pajetta, dei Lajolo e persino dei Colajanni, Napolitano era una semplice suppellettile. Si diceva che era autorevole. Se chiedevi a un ragazzo della Fgc, un 'figiciotto', di Napolitano ti rispondeva «Ah, è autorevole», ma perchè mai lo fosse non sapeva spiegartelo. Era autorevole perchè era li' da sempre, da epoche pleistoceniche. Tutte le generazioni di italiani viventi, e fra poco anche morenti, se lo sono trovati in casa, pomposo e inamidato, fin dalla nascita. Come Andreotti, con la differenza che il 'divo Giulio' ha segnato, nel bene e nel male, la politica italiana, mentre di Napolitano non si ricorda, prima di questi ultimissimi tempi, non dico un'azione, sarebbe pretendere troppo, ma un discorso di un qualche significato. Travaglio, nel suo sterminato archivio, puo' anche averlo trovato, ma ha dovuto cercarlo col lanternino, con quella luce che sta in capo al medico quando in sala operatoria deve fare un intervento di microchirurgia. «Un coniglio bianco in campo bianco» lo aveva definito impietosamente qualcuno. Lui non agiva, 'partecipava'. Quando era giovane, si fa per dire, mentre i suoi compagni giocavano a pallone, lui stava a guardare. Per non inzaccherarsi la scarpe. Non era una cosa autorevole. «Nu guaglione fatt'a vecchio» lo aveva chiamato lo scrittore napoletano Luigi Compagnone. Veniva ricordato solo per un'imbarazzante somiglianza con Umberto di Savoia di cui qualcuno insinuava fosse figlio naturale. Ma questa mi pare una malignità gratuita. Ai danni del Re. Adesso Napolitano determina la politica italiana e ha una falange di adepti non solo politici ma anche giornalisti. Un giornalista di Repubblica, Mario Pirani, un giornalista molto autorevole, ha chiesto l'incriminazione del Fatto per 'vilipendio al Capo dello Stato', un reato da Codice Rocco, un reato d'opinione che non dovrebbe esistere in una democrazia.

E invece ce ne sono un mucchio, non tutti derivati dal Codice Rocco, alcuni di nuovo conio (1) , come quella 'legge Mancino' (bello quello) che punisce «l'istigazione all'odio razziale». Credo sia la prima volta che si vogliono mettere le manette ai sentimenti. Nei regimi si puniscono le azioni, le idee ma, tranne forse che in Corea del Nord, non è obbligatorio anche amare il Capo. Ma non è solo una questione italiana. Tira una brutta aria in Europa. Che non è quella dell'antisemitismo, ma del liberalismo liberticida. In Francia si vogliono vietare, oltre al velo, i teatri a un comico, Dieudonné M'bala M'bala, che fa satira antimperialista, antiamericana e anche antisemita. Ora, il teatro è storicamente l'ultima ridotta della libertà di espressione, quando tutti gli altri canali sono chiusi. Nella Jugoslavia di Milosevic l'opposizione si faceva a teatro (e per la verità anche fuori, molto di più che in questo regime). Chiunque non è in linea con la 'communis opinio' è pronto per la garrota mediatica e, all'occorrenza, anche per le manette . Scriveva Stuart Mill che, con Locke, è uno dei padri della liberaldemocrazia: «La protezione dalla tirannide non è sufficente: è necessario anche proteggersi dalla tirannia dell'opinione e del sentimento predominanti, dalla tendenza della società a imporre come norme di condotta e con mezzi diversi dalle pene legali le proprie idee e usanze a chi dissente... a costringere tutti i caratteri a conformarsi al suo modello».

Fonte: http://www.ariannaeditrice.it/articolo.php?id_articolo=47108

Note : 1) Vedere le dichiarazioni del comunista Napolitano a supporto della liberticida legge contro la libertà di espressione appena bloccata

http://olodogma.com/wordpress/2013/10/17/0430-inquisizione-hoahtica-legge-anti-revisionismo-il-trucco-commissione-senato-commissione-sede-deliberante

Il vero autore della Legge Mancino

http://gruppi.rooar.com/showthread.php?t=3426672

A dimostrare la centralità del Paradigma Olocaustico nell'immaginario contemporaneo, è anche, intrecciata con la lotta al revisionismo storico, la crociata condotta dal Sistema contro il "razzismo".

Tra i percorsi legislativi più emblematici quanto alla duplice repressione del pensiero, è quello francese. Invero, se già il Palazzo di Vetro ha imposto agli Stati di recepire, dopo il delirio dei Sacrosanti Human Rights, la repressione mondialista incarnata dalla

"Convenzione Internazionale sull'Eliminazione di Tutte le Forme di Discriminazione Razziale" (aperta alla firma a New York il 7 marzo 1966 e recepita in Italia dalla legge 13 ottobre 1975 n.654) e se già l'antesignano Israele ha posto il veto ad ogni olodubbio il 16 luglio 1986, il primo tra i paesi del Libero Occidente a introdurre nella propria legislazione il crimine di revisionismo storico è la Francia. (34)

A chiarirci le cose nel modo più limpido è infatti il presidente socialista François Mitterrand, firmatario della legge 90-615 - alias "Fabius-...ssot" o anche solo "...ssot", eponimizzata dai cognomi dell'ebreo socialista Laurent Fabius e del goy comunista Claude ...ssot - il 13 luglio 1990, vigilia della 201esima ricorrenza della Gloriosa Bastigliese, coi ministri Rocard, Dumas, Arpaillange, Chevènement, Tasca, Pierre Joxe e Jack Lang (i due ultimi, anch'essi ebrei). La legge liberticida, progettata fin dal 2 giugno 1986 sulla falsariga della legge Pleven del primo luglio 1972 (a sua volta impostata sul Decreto Marchandeau del 24 giugno 1939), riceve inatteso vigore dalla Isteria Democratica e dalla Mobilitazione Generale scatenate dopo che, nella notte tra il 10 e l'11 maggio, era stato opportunamente profanato da ignoti/immondi "nazisti" il cimitero ebraico di Carpentras, in Provenza.

Ideata sotto l'egida del Gran Rabbino René-Samuel Sirat da una cricca formata dal mulatto Harlem Désir, dal bianco Jean-Pierre Azéma e dall'ebraico quintetto composto da Hélène Ahrweiler, François Bédarida, Serge Klarsfeld, Pierre Vidal-Naquet e George Wellers, la 90-615, pur respinta due volte dal Senato, viene approvata dall'Assemblea in seduta notturna il

29-30 giugno da 308 socialcomunisti, di cui 305 assenti (ma con delega conferita ai tre presenti), contro 265 oppositori, di cui 263 assenti. I due unici oppositori presenti sono il deputato liberalgollista Louis de Brossia e la rappresentante del Front National Marie-France Stirbois (unico deputato del FN in virtù del sistema elettorale

maggioritario, malgrado il partito di Le Pen abbia raccolto il 13% dei suffragi).

Senza pudore, l'art.9 suona: "Saranno puniti delle pene previste [...] coloro che avranno contestato, attraverso uno dei mezzi enunciati all'art.23, l'esistenza di uno o più crimini contro l'umanità, come sono definiti dall'art.6 dello statuto del Tribunale Militare Internazionale annesso all'Accordo di Londra dell'8 agosto 1945 e che sono stati commessi sia dai membri di una organizzazione dichiarata criminale in applicazione dell'art.9 del detto statuto, sia da una persona riconosciuta colpevole di tali crimini da un tribunale francese o internazionale".

Ancora non soddisfatti della repressione del pensiero ottenuta con l'Oscenità Fabiusiana, a partire dal dicembre 1992 gli ebrei Charles Korman (avvocato della LICRA) e Patrick Gaubert (incaricato dal ministro dell'Interno Charles Pasqua della "lotta contro il razzismo e l'antisemitismo") (35) vanno elaborando dispositivi legali ancora più duri e restrittivi, che per il "crimine" di revisionismo non prevedono più pene da un misero mese ad un anno di carcere, misere multe da 2000 a 300.000 franchi e sanzioni a favore di associazioni "antirazziste", ma le elevano a due anni di carcere e mezzo milione di franchi, oltre a più dure sanzioni suppletive; per il 1995, "anno europeo dell'armonia tra i popoli" - il delirio è del "belga" Arieh Doobov in The Jerusalem Report del 20 maggio 1993 - è previsto il varo di un duplice piano contro l'"intolleranza razziale" e il revisionismo storico da parte dell'Europarlamento.

Nella primavera 1993 anche in Italia, prendendo a pretesto l'esistenza dei cosiddetti naziskin - superior stabat lupus, già ammoni' Fedro - e le atrocità della lotta interetnica nell'ex Jugoslavia, sulla scia delle leggi anti-revisioniste che imperversano in Europa e sull'onda emotiva di fatti montati quali l'"aggressione neonazista" a suon di benzina e sfregi denunciata il 15 aprile dal cingalese Mohideen Nowfer (tosto precipitata nel dimenticatoio da ogni demo-maitre-à penser dopo la scoperta che lo "squilibrato" le lesioni se le era auto-inferte per attirare commiserazione dai benpensanti), il Regime di Occupazione Democratica approva un decreto-bavaglio. Immerso nella melma della corruzione, timoroso delle crescenti reazioni popolari contro un'immigrazione insensata e criminale, col pretesto di punire il "vilipendio", l' "incitamento all'odio razziale" e la violenza "di stampo razzista" il governo del socialista Amato pone, in extremis prima delle ingloriose dimissioni, le basi per punire col carcere fino a sei anni ogni indagine storica "non conforme", in particolare ogni critica al Popolo Santo.

Il terroristico decreto n.122 del 26 aprile 1993, convertito il 25 giugno nella terroristica legge n.205 "Misure urgenti in materia di discriminazione razziale, etnica e religiosa", formalmente nato nel cocuzzolo del sessantottin-socialista Claudio Martelli, conferisce infatti dal 27 aprile 1993, giorno di pubblicazione sulla Gazzetta Ufficiale n.97, poteri di repressione discrezionale pressoché illimitati non solo ai magistrati, ma anche direttamente agli organi di polizia. Ciò in virtù della criminalizzazione del pensiero, dell'evanescenza del vocabolo "discriminazione" (vedi la critica dell'ebreo Pierre-André Taguieff, scettico sulla possibilità di trovare al termine un nucleo semantico che lo definisca inequivocamente in riferimento alle infinite situazioni percepite come "discriminatorie") e dell'assoluta vaghezza precettizia. Con tale pronuncia legislativa il vero problema è rappresentato dall'arbitrio riposto nelle mani di un qualsiasi procuratore della repubblica e di un qualsiasi funzionario di polizia che vogliano perseguire semplici esposizioni di idee contrarie alle loro (compresa, ad esempio, come afferma nel settembre 2001 il già detto ministro leghista .... Maroni, la necessità di adottare una corsia immigratoria "preferenziale" per i figli e i nipoti degli italiani un tempo emigrati), affermando che le stesse sarebbero fondate sulla "superiorità", sull'"odio" o sulla "discriminazione" razziale. Criminalizzando, cioè, espressioni di pensiero fondate sul ragionamento, sullo studio e sull'approfondimento storico.

Le supreme finalità del democratico abominio vengono esplicitate nell'anniversario della Liberazione Antifascista dal ministro democristiano di Polizia Nicola Mancino (guidato nel percorso non tanto dal Martelli, quanto dal caporabbino di Roma Elio Toaff e dal deputato repubblicano Enrico Modigliani, ebreo, il vero artefice della legge). Nessuno osi alzarsi contro il Bene del Mondialismo e le Bellezze del Multirazzialismo: l'Europa e l'Italia devono svolgere il ruolo di province dell'Impero, trangugiare anch'esse, volenti o nolenti giusta il monito di James Paul Warburg, il boccone mortale.

Il 25 aprile 1993 concorda quindi Mancino (otto mesi dopo inquisito coi tirapiedi del servizio segreto SISDE per una torbida vicenda di sottrazione di fondi statali, poi defilatosi per un triennio, assurto dal maggio 1996 al maggio 2001 a seconda carica dello Stato quale presidente del Senato con il demo......sinistro Romano Prodi, il neocomunista Massimo D'Alema e nuovamente il mondialista ex-socialista Giuliano Amato, infine addirittura favorito nella gara a Inquilino del Quirinale nell'aprile 1999): "Siamo ormai una società che deve guardare alla sovrannazionalità e alla multirazzialità". Rimobilitato per rinverdire l'Immaginario Partigiano, ribadirà il concetto, incitando al liberticidio, il 25 aprile 2000: "Al razzismo riaffiorante si unisce un revisionismo che non ha alcun diritto di cittadinanza storica e culturale. Guai se noi italiani esorcizzassimo, in nome di una presunta bonomia, i fantasmi che agitano le nostre città. Guai se tollerassimo come semplici ragazzate lo sventolio di simboli di morte" (corsivo nostro).

In parallelo Tullia Calabi Zevi, testé fatta decima "donna coraggio" dall'Associazione Nazionale Donne Elettrici di Brescia (il 31 marzo, "nel salone vanvitelliano di Palazzo della Loggia, alla presenza del prefetto Antonio di Giovine, del sindaco Paolo Corsini, di Flavia della Gherardesca, presidente nazionale dell'ANDE e di Beatrice Rangoni Macchiavelli, presidentessa del gruppo attività diverse dell'assemblea economica della Comunità Europea", giubila Shalom n.4/1993) e "Cavaliere di

Gran Croce al Merito della Repubblica Italiana" dall'Inquilino del Quirinale Oscar Luigi Scalfaro su proposta del presidente del consiglio Amato, presidentessa dell'Unione delle ventuno Comunità Ebraiche italiane, rilascia benemerenze alla psicopolizia, bacchettando i credenti nel libero pensiero: "La decisione del ministro dell'Interno di chiudere le sedi dei gruppi naziskin è coerente con la determinazione da lui sempre espressa contro tutte le tendenze eversive. In democrazia è necessario vigilare contro tutti coloro che sono contrari ai suoi princìpi" (sic!, "sono" e "princìpi", non: "compiono atti" criminali, a meno certo che per la Zevi siano crimini anche il pensare e discutere).

Già nella prolusione all'ANDE, del resto, la "donna coraggio" aveva unito al monito antirevisionista l'istigazione repressiva invasionista: "Un premio che cade in un momento particolare. Sono infatti trascorsi cinquant'anni dalla fine della guerra e dai campi di sterminio nazisti, e il passare del tempo comincia a sentirsi: il senso di colpa va attenuandosi, si iniziano a negare gli orrori e vanno profilandosi alcuni precisi segnali di pericolo per la convivenza civile; questi non vanno ingigantiti ma su di essi bisogna attentamente vigilare. E' infatti possibile arrivare all'accettazione del diverso solo mediante un lungo lavoro di educazione e conoscenza, per il quale e nel quale le donne possono avere un posto di primo piano".

Pochi mesi più tardi l'argenteocrinita maestrina - ripetiamo, il 13 agosto 1993 auto-candidata alla direzione pedagogico-pratica dei destini europei spargendo veleno dalle colonne del Corriere della Sera: "Da continente bianco e monoculturale l'Europa sta diventando multirazziale e policulturale. Non è preparata. A noi tocca educare al pluralismo religioso, etnico, politico e culturale" - reinfierisce contro la ricerca revisionista del vero, trincerandosi dietro la formula "se il mondo potesse essere convinto che Auschwitz non è esistita, una seconda Auschwitz sarebbe più facile" (fantasie certo, anche se nel 1938 il cassandrico padre antifascista "intuì che dietro l'adozione delle leggi razziali c'era il progetto di sterminio. Via dall'Italia, dunque, prima a Parigi, poi a New York. Tullia Zevi studiò, lavorò. Si guadagnò da vivere suonando l'arpa nelle orchestre di Frank Sinatra e Leonard Bernstein").

Si risaldano quindi, e nel modo più chiaro, questione democratica, questione ebraica e questione mondialista.

Ma tornando alla repressione mondialista della Mancino, è obbligo rilevare che, come sempre, l'illuminazione viene da God's Own Country . Prototipo di ogni liberticidio "antirazzista" - dalle leggi francesi Marchandeau 1939 e Pleven 1972 all'italiana Mancino 1993 - è infatti l'americano Rafferty Act.

Varato l'8 aprile 1935 dal governatore Hoffmann del New Jersey, esso, rileva

l' "antisemita" Robert Edward Edmondson, da un lato aveva praticamente abrogato l'art. 1 della Costituzione di quello stato, che garantisce ad ogni cittadino la libertà di espressione, e dall'altro, nonostante le enormi pressioni esercitate in sua difesa, era stato dichiarato incostituzionale dalla Corte Suprema del New Jersey il 5 dicembre 1941: "Qualunque persona o gruppo che diffonderà un discorso o dichiarazione, o deterrà allo scopo o con l'intento di distribuire, cedere, far circolare esponendo, o per radio, alla vista di un'altra persona, una dichiarazione, discorso, pronunciamento o cosa stampata o ciclostilata, o emblema, fotografia, vessillo o bandiera che, in qualunque modo, o in qualche sua parte, sia indirizzato a promuovere o promuova o inciti all'ostilità, all'odio o alla violenza contro un gruppo o contro persone residenti in questo stato - a cagione di razza, colore, religione o modalità di culto, sarà condannato per crimine e unito con una ammenda da 200 a 5000 dollari, o col carcere da 90 giorni a tre anni". Sull'onda dell'euforia nata dall'effimero varo del Raffer Act, il 9 gennaio 1936 il senatore ebreo Jacob J. Schwartzwald di Brooklyn tenterà di introdurre nella legislazione dello stato di New York, coi Bill n.163, un duplicato ancora più liberticida.

Il 24 giugno 1939 segue in Francia il Decreto Marchandeau. "La legge che vietava gli scritti e le iniziative razziste fu opera del Fratello Marchandeau", esulta il massone André Combes, ricordando che già nel 1870, all'epoca del contestato Decreto Crémieux che dava automatica cittadinanza agli ebrei d'Algeria, "la Massoneria francese era sempre stata un ambiente accogliente per gli ebrei .Le logge reagirono positivamente, rinunziarono a chiedere l'abrogazione del decreto, espulsero i pochi massoni antisemiti e fecero arretrare, così dissero, l ' "idra antiebraica" ". Felice di rivendicare ai confratelli la genesi della Marchandeau è anche Herbert Lottman: "[Già nel dicembre 1939] il Consistoire [l'organizzazione centrale degli ebrei francesi] si affrettò a creare un Gruppo israelita di coordinamento di aiuti e protezione. Furono lasciate cadere le precedenti remore contro le manifestazioni pubbliche e il Consistoire si dedicò a iniziative più incisive, oltre a esercitare pressioni sul governo (che furono una delle cause del veto, introdotto nell'aprile 1939, all'incitazione all'odio razziale)".

Quanto alla Pleven, basata su: la Carta onusica del 1945, la Dichiarazione Universale dei Diritti dell'Uomo del 10 dicembre 1948, la Dichiarazione onusica del 20 novembre 1963 sulla "eliminazione di tutte le forme di discriminazione razziale" e la Convenzione internazionale del 21 dicembre 1965 concernente lo stesso soggetto, essa, scrive Christian Lagrave, "ha segnato un grande progresso nell'asservimento del popolo francese ai suoi padroni occulti", ponendosi a simbolo, aggiunge Pierre Lassieur, della "fine della libertà di espressione".

All'epoca la Pleven, varata dal destrorso governo Pompidou, passa praticamente inosservata, anche in virtù della sapiente scelta di un momento in cui la mente dei francesi è occupata nelle ferie estive (altro artifizio, come quello che approverà la Fabius-gayssot, è quello di votare in seduta notturna, ove centinaia di deputati assenti delegano il voto a un pugno di colleghi presenti), non provocando dibattiti né proteste: "Coloro che avranno incitato alla discriminazione, all'odio o alla violenza nei confronti di una persona o di un gruppo di persone a motivo della loro origine o della loro appartenenza a una etnia, a una nazione, a una razza, a una religione determinata, saranno puniti con la reclusione da un mese a un anno e con un'ammenda da 2000 a 300.000 franchi. Saranno del pari puniti come correi in un'azione criminosa o delittuosa coloro che con discorsi, scritti o minacce proferite in luoghi o riunioni pubbliche, ovvero con pubblicazioni, disegni, incisioni, dipinti, emblemi, immagini o qualsiasi altro supporto della parola o dell'immagine messo in vendita, distribuito o esposto in luoghi o riunioni pubbliche, ovvere con insegne o manifesti esposti al pubblico, avranno incitato direttamente l'autore o gli autori a compiere le suddette azioni, se tale incitamento ha prodotto effetti" (art. I; corsivo nostro). Chiarissimi gli intenti, non solo "antirazzista" e pro-invasionista, ma anche antirevisionisti: ad esempio, avendo commentato che l'Olocausto si basa su un'odiosa menzogna e una gigantesca truffa perpetrata anche a fini di estorsione finanziaria, il 3 luglio 1981 il professor Robert Faurisson viene condannato, a norma di Pleven, per "diffamazione e incitamento all'odio e alla violenza razziale".

Ancor più, proponendosi di sradicare quanto più completamente i "crimini" razzisti, il legislatore stima opportuno che la ricerca, la segnalazione-denuncia e la traduzione dei "criminali" davanti ai tribunali venga affidata a gruppi di delatori altamente "motivati":

"Tutte le associazioni regolarmente registrate da almeno cinque anni alla data dei fatti, che si propongono per statuto di combattere il razzismo "o di assistere le vittime di una discriminazione basata sulla loro origine nazionale, etnica, razziale o religiosa", possono esercitare i diritti riconosciuti alla parte civile per quanto concerne le violazioni previste dagli articoli 24 (ultimo comma), 32 (comma 2) e 33 (comma 3) della presente legge" (art.48/1; è per tale ragione che infurieranno gruppi quali LDH, LICRA, MRAP e SOS-Racisme). Rilevi il lettore che le sole "scappatoie" leguleiche concesse dalla Pleven, peraltro acutamente eliminate dalle Tre M, sono costituite dall'aggettivo "determinata" (che nell'ottobre 1996 il progetto di riforma del gollista Jacques Toubon, ministro della Giustizia di Alain Juppé, cercherà di eliminare... tale aggravio della repressione sarà impedito solo dalla mancata rielezione di Toubon nel giugno 1997) e dall'inciso "se tale incitamento ha prodotto effetti".

Quanto ai veri autori dell'Infamia italica, stupenda l'impudenza del Modigliani, presidente dell'apposito intergruppo parlamentare, in un colloquio interebraico riferito da Shalom n.2/1994: "Ho partecipato attivamente in Parlamento alla stesura della nuova legge sulle discriminazioni etniche, razziali o religiose. Posso anzi dire che la commissione che se ne è occupata ha recepito in gran parte le mie proposte [in particolare, per l'estensione della repressione alle "discriminazioni" compiute per "motivi religiosi", prima giuridicamente meno incriminabili in quanto basate, ancor più delle altre, sull'adesione a motivazioni di pensiero]. Io mi sono sentito particolarmente impegnato su questo tema in quanto ebreo, ma i parlamentari della commissione dal canto loro mi hanno riconosciuto una certa maggiore competenza, se non proprio diritto, a trattare l'argomento perché riconoscevano che in quanto ebreo, con alle spalle tutta la storia ebraica, avevo il dovere di testimoniare e di prevenire e perché dobbiamo vaccinare la società contro ogni discriminazione nei confronti di qualsiasi diverso. Questo dovere non può essere confuso con una autodifesa ebraica, in quanto oggi gli ebrei non corrono nel nostro paese proprio alcun rischio, ma riguarda il nostro rapporto con gli immigrati del terzo e quarto mondo" (corsivo nostro).

Singolarmente, come l'opera del Modigliani diviene universalmente nota come "la Mancino" - dal cognome del democristiano ministro dell'Interno, poi assurto a presidente del Senato, cioè a seconda carica dello Stato (il terzo autore dell'infamia è il socialista Claudio Martelli, ministro di Grazia e Giustizia, che porta in dote alla legge la terza M) - così la legge francese antirevisionista Fabius-gayssot, varata dall'Assemblea Nazionale il 13 luglio 1990, vigilia della ricorrenza della Gloriosa, ed opera dell'ebreo Laurent Fabius e del goy comunista Claude gayssot, diviene "la gayssot", concedendo i due classici piccioni con una fava: sollucchero per i goyim, passati all'eponima Storia e all'eletta Riconoscenza, soddisfazione per gli ebrei, defilatisi, a risultato comunque ottenuto, dalla responsabilità degli osceni provvedimenti.

Il 23 marzo 1995 il combattivo sacerdote tradizionalista don Curzio Nitoglia diffonde da Verrua Savoia un comunicato, non ripreso da nessun organo della Libera Stampa Democratica: "L'Istituto Mater Boni Consilii e la sua rivista Sodalitium, assieme a vari avvocati, magistrati e cattedratici, sta formando un comitato per chiedere l'incostituzionalità della "Legge Mancino", in base anche alla lettera dell'allora Ministro degli Interni, che alleghiamo, e ad una intervista dello stesso onorevole Mancino al quotidiano l'unità (25 novembre 1992), nella quale affermava: "Siamo in Italia, la situazione non è esplosiva, e dunque preferirei un disegno di legge. Sono però sollecitato a scegliere il Decreto Legge". "Sollecitato"! Da chi? E anche questo che occorrerà appurare, mettendo in relazione l'intervista del 25 novembre 1992 con la lettera del 20 giugno 1993". Poiché il lettore già sa da Chi il Nostro fu "sollecitato" (e di quali "Paesi" egli parli), ci limitiamo a riportare la lettera di don Nitoglia a Mancino del primo giugno 1993 e la risposta del Nostro del 20 giugno successivo:

"Onorevole Ministro, sono un sacerdote cattolico ed ho letto sul mensile ebraico Shalom (30 aprile 1993) un articolo sull'intervista che Lei ha rilasciato a Paolo Guzzanti de La Stampa (14 aprile 1993). In tale articolo Shalom scrive: "Anche se Mancino non ha pronunciato la parola ebrei né Israele, la descrizione della congiura giudaico-massonica non poteva essere più chiara e palese" (pag.3). Nella lettera che Lei ha inviato alla signora Zevi il 22 aprile 1993 (e riportata da Shalom) Lei scrive: "Mi sono limitato a parlare di reazioni della Massoneria ....alla politica filo-araba...............dell'onorevole Andreotti. Personalmente............. non trovo alcuna identità tra Massoneria e finanza internazionale e mondo ebraico; non vedo perciò la ragione della sua reazione" (Shalom, pag.3). Mi

perdono se oso scriverle per suggerirle che mi sembra lecito rispondere alla signora Zevi - con pacatezza ed obiettività - che grandi autorità israelitiche e massoniche hanno scritto esplicitamente del rapporto che esiste tra Massoneria e mondo israelitico. Per esempio l'ex rabbino di Livorno Elia Benamozegh ha scritto: "La teologia massonica corrisponde abbastanza bene a quella della Càbala" (Israele e l'umanità, Marietti, Torino, 1990, pag.49). Bernard Lazare, noto scrittore israelita, ha scritto: "E' certo che vi furono degli ebrei alla culla della Massoneria .... degli ebrei cabalisti" (L'antisémitisme, Documents et témoignages, Vienne, 1969, pag. 167). L' ebreo convertito al cattolicesimo Joseph Lémann ha scritto: "E' incontestabile che vi sia nel giudaismo predisposizione alla Massoneria" (L'entrée des Israelites dans la société franc...., Avalon, Paris, 1886 [1987], pag. 234). Potrei continuare a lungo con tali citazioni, ma non voglio rubare il Suo tempo prezioso. Forse Lei ha messo il dito nella piaga, ecco la "ragione della reazione" della signora Zevi e della rivista Shalom, che si esprime in tali termini riguardo alla Sua persona: "Uomini politici in preda ad una sindrome dissociativa, visto che lo stesso ministro Mancino varava con procedura d'urgenza la legge contro i Naziskin" (Shalom, pag.1). Tale modo di esprimersi non mi sembra corretto, specialmente nei confronti di un Ministro. Prego per Lei che il Signore le dia luce e forza per vedere chiaro in queste vicende che tanto danno stanno arrecando alla nostra cara Italia, culla del Papato e della Fede Cattolica, sorgenti di ogni bene per il mondo intero. In Jesu et Maria".

risposta

"Gentile don Curzio, trovo molto coerenti con il mio pensiero le opinioni da Lei manifestatemi con lettera dell'1 giugno a proposito della polemica ShalomZevi ed anche altri nei miei confronti. Le buone relazioni tra Paesi suggeriscono prudenza anche a un ministro che nel merito aveva ragione. Grazie per le belle parole di solidarietà che ha voluto indirizzarmi. Con molti cordiali saluti".

Quattro anni dopo, a fine novembre 1999, il

presidente dell'Unione delle Comunità Ebraiche italiane Amos Luzzatto, mosso dall'affaire romano che vede una bomba-carta esplodere accanto al Museo della Liberazione e un secondo ordigno "antisionista" rinvenuto presso il cinema Nuovo Olimpia a "protesta" contro Un specialiste - Portrait d' un criminel moderne ("Uno specialista - Ritratto di un criminale modemo" dell'israeliano Eyal Siven, olodocumentario selezionato dalle 350 ore di riprese al kidnappingato Adolf Eichmann), incita, tra una istintiva canea politica-giornalistica e ovviamente per contrastare il "razzismo", a "intensificare gli interventi nelle scuole, organizzare incontri, assemblee, sviluppare gli scambi culturali e rivedere la legge Mancino [in senso più repressivo]. Ma quest'ultimo è mestiere dei nostri parlamentari" (corsivo nostro). In parallelo, ineffabile nell'improntitudine, quanto a "Uno specialista", all'olo-"memorialistica" orale spielberghiana The Last Days, "Gli ultimi giorni", 1999 e alla fiction antineonazi American History X, id., di Tony Kaye, 1999, il commento di Ciak gennaio 2000: "Questo proliferare di film legati direttamente o indirettamente all'Olocausto non è casuale, ma nasce da un identico senso di malessere e da un cinema sano e socialmente utile: la necessità di salvaguardare la memoria storica, di opporsi a un pericoloso revisionismo, l'urgenza di fare i conti con i fantasmi dell'intolleranza e del nazismo che tornano a manifestarsi nel nostro mondo".

(34) Specifiche leggi antirevisioniste varano l'Austria il 26 febbraio e 19 marzo 1992, la Germania il 28 ottobre 1994 ampliando l'art.130 del Codice Penale (complessivamente, gli articoli dello STGB

Strafgesetzbuch rivolti a reprimere il "delitto di opinione" sono i nn.84, 85, 86, 86a, 90, 90a, 103, 104, 130, 131, 166, 185, 186, 187, 188 e 189), la Svizzera il l' gennaio 1995, il Belgio il 23 marzo 1995 (all'obliqua legge del 30 luglio 1981 "tendant à réprimer certains actes inspirés par le racisme et la xènophobie" segue la più specifica legge "tendant à réprimer la négation, la minimisanon, la justijication ou l'approbation du génocide commi par le regime national-socialiste allemand pendant la seconde guerre mondiale", che per tale "crimine" infligge da otto giorni ad un anno di carcere), la Spagna l'l 1 luglio 1995, il Lussemburgo il 19 luglio 1997 (rifacimento dell'art.457/3 del Codice Penale, che colpisce col carcere da otto giorni a sei mesi o con ammenda da 10.000 a un milione di franchi "chi contesta, minimizza, giustifica o nega l'esistenza di uno o più crimini contro l'umanità o crimini di guerra, come definiti nell'art.6 dello statuto del Tribunale Militare Internazionale [...] e compiuti da un membro di un'organizzazione dichiarata criminale dall'art.9 dei detto statuto o da altro individuo, dichiarato colpevole di un tale delitto da un tribunale lussemburghese, straniero o internazionale") e la Polonia nel gennaio 1999. In Canada e in Australia reprimono il pensiero, più subdole, le Human Rights Commissions, dotate di poteri quasi-tribunalizi. In Inghilterra, Italia (a parte un tentativo, abortito, di varare una legge-museruola da parte del primo governo berlusconico nell'autunno 1994), Cechia, Svezia ed Olanda un residuo pudore vieta, per ora, formule di tale brutalità. Anche se alla bisogna intervengono, disinvoltamente riesumate, norme "antifascio-razziste", "antisobillazione" o "antidiscriminazione": in Albione il Publie Order Act del 1986, nella Penisola la Legge delle Tre M, a Praga gli articoli 198a e 260 del Codice Penale, a Stoccolma l'art.8 del XVI capitolo del Codice Penale, in Tulipania l'art. 429/4 del Codice Penale.

35) Patrick Gaubert, dentista, nato nel 1948 a Parigi XVI da Ancial Goldenberg di Craiova /Romania, è marito di Eliane Frenkel, ereditiera, immobiliarista e amministratrice degli Etablissements Frenkel, casa di produzione e vendita di tessuti e indumenti, il cui padre Harry è primario importatore "francese" di jeans. Ispiratore del ministro dell'Interno balladuriano Charles Pasqua in quanto "chargé de mission pour la lutte contro le racisme et l'antisémitisme", l'ex-Goldenberg, è membro d'onore del Mossad e boss della LICRA, della quale nel 1999 diviene presidente subentrando a Pierre Aidenbaum. Presidente del gruppo DAVID Décider et agir avec vigilance pour Israël et la Diaspora, è tra i più feroci militanti sionisti, antirevisionisti e invasionisti.

Caracciolo: necessità abrogazione legge Mancino
http://civiumlibertas.blogspot.it/2013/04/risposta-ad-articolo-odierno-di.html

18) Quanto al processo a Storm Front, al quale non ho assistito, ritengo come filosofo del

diritto che debba essere abrogata la legge che lo ha consentito: la cosiddetta legge Mancino, in realtà redatta da Taradash e Modigliani. Sulla base di questa stessa legge è stata presentata una denuncia per "odio razziale" addirittura contro il candidato Cinque Stelle Avv. Marcello De Vito. Mi auguro che questa ennesima assurdità convinca i più della necessità della abrogazione di una simile legge, che pretende di legiferare in materia di "odio", dove 2000 anni di cristianesimo e di predicazione di amore per il prossimo nulla hanno sortito. La legge Mancino ha prodotto nel suo uso strumentale niente altro che terrore ed ipocrisia, di fatto risolvendosi in una repressione del dissenso e della critica politica.

Alle origini del razzismo.
Fabrizio Belloni, rinascita.

Puntuale come una epidemia, a scadenze sempre più ravvicinate, con il servile accompagnamento di tutte le grancasse-linguetta, ci sbattono in faccia, da quasi tutti i media, la rinascita del razzismo, con particolare sottolineatura della situazione in Europa in genere ed in Italia in particolare. A cominciare dall'ex filonazista Napolitano (giornale dei G.U.F. di Bologna del 1941), per scendere a tutti o quasi gli intellettuali (ma non era una parolaccia?), ai commentatori mediatici, alle cosiddette "persone per bene e democratiche". Ovviamente il razzismo preso di mira è quello antisemita. I maggiorenti delle varie comunità ebraiche dello Stivale entrano in fibrillazione furiosa ad ogni stormir di fronda, ad ogni starnuto, al minimo, eventuale, lontano accenno di distanza presa dall'essere ebreo. Siamo arrivati al punto che chiedere, soltanto chiedere, cosa l'esercito israeliano faccia nella Striscia di Gaza viene ululato come comportamento "razzista, anti semita, filonazista" e chi più ne ha più ne metta. Raccontare le atrocità contro donne, vecchi e bambini palestinesi è considerato attentato contro l'esistenza dello stato giudeo, contro Israele. Mettiamo un po' d'ordine e poi tiriamo le conseguenze. Ciascuno come crede, visto che formalmente saremmo ancora liberi, almeno di pensare, nonostante le pressioni dei ... "poteri forti" (se pensate alla Goldman Sachs, la banca ebrea dei Rothschild avete indovinato). Dunque, il codice penale Italiano condanna sia il razzismo, sia la propaganda all'odio razziale, sia il ricordo di Fascismo e Nazionalsocialismo, proprio perché "razzisti ed antisemiti". Bene. Anzi male, ma questa è la situazione. Male per il cumulo di: a) menzogne; b) omissioni; c) mistificazioni; d) sciacallaggio che ci hanno scaricato addosso da settanta anni circa. Ma tant'è. Limitiamoci a prendere atto della situazione. Quindi ora di seguito vi elencherò una serie di affermazioni che, a rigor di codice, devono essere condannate per razzismo, istigazione all'odio razziale, discriminazione ecc. ecc. ecc. E sfido chiunque a dimostrare il contrario. Dunque: Dio ha dato agli Ariani potere sui possedimenti e sul sangue di tutte le altre nazioni. Un Ariano può mentire e spergiurare per condannare un ebreo. Gli Ariani devono sempre provare ad imbrogliare un ebreo. E' una buona azione per ogni Ariano distruggere e bruciare le sinagoghe e qualsiasi cosa appartenga agli ebrei o da loro costruita. Gli Ariani sono essere umani, le altre persone del mondo non sono essere umani, ma bestie. Nonostante gli Ebrei assomiglino esteriormente agli Ariani, loro sono in effetti solo scimmie paragonate agli umani. Il figlio di un ebreo non vale più di quello di una bestia. Tutte le donne non Ariane sono puttane. Un Ariano può violentare ma non sposare un'ebrea. Lo sterminio degli Ebrei è un sacrificio necessario. Il migliore degli ebrei deve essere strangolato. E potrei continuare per pagine intere. Scioccante, vero? Roba che un qualsiasi magistrato considererebbe come prova provata di reato di razzismo, di incitamento all'odio ecc. ecc. Chi scrivesse cose del genere non potrebbe non essere perseguito penalmente. Credo siamo tutti d'accordo, vigente il Codice Penale Italiano. Naturalmente con gran fracasso dei media, di cortei democratici, di appelli, di interviste ai caporioni delle varie comunità ebraiche. Ma ho fatto un piccolo giochetto: ho invertito i termini. Rileggete quanto sopra riportato mettendo la parola "ebreo" al posto della parola "Ariano", e viceversa. E non mi sono inventato nulla. Le frasi riportate sono prese da uno dei libri sacri del giudaismo: il Talmud. Seguito, studiato, chiosato, commentato. Un po' come il Vangelo od il Corano, che per altro non incitano mai al massacro, all'odio, al razzismo. Ora mi sembra sia dovere di tutti i magistrati d'Italia intervenire per incriminare tutte le comunità ebraiche per i reati di razzismo, di incitamento all'odio, di istigazione alla violenza, di discriminazione e di tutto quello che la

Magistratura vorrà individuare. Oltretutto mi sembrano reati perseguibili d'ufficio, e non necessitano di querela. Che per altro potrebbe essere presentata, se necessario. Oppure si riconosca che esistono due pesi e due misure, che quello che per alcuni è reato, per altri non lo è, che qualcuno (spalleggiato dai "poteri forti") ha immunità ad altri sconosciute. Per chi lo desiderasse, potrei indicare, come già in un precedente intervento, le fonti, "gli indirizzi talmudici" delle frasi sopra riportate. E di tante altre ancora.

VERIFICA COSTITUZIONALITA'

<u>Sulla legge Mancino: il carteggio Sodalitium del 1993</u>

http://www.sodalitium.biz/index.php?ind=downloads&op=download_file&ide=5&file=34.zip

pag.34 "CASO MANCINO" "Sodalitium" pensa di fare cosa utile ai suoi lettori presentando una serie di documenti su quello che, per semplificare, può essere chiamato il "caso Mancino". Ministro degli

Interni nel passato governo Amato come pure nell'attuale governo Ciampi, il senatore democristiano Nicola Mancino è stato duramente attaccato dal mensile ebraico d'informazione "Shalom" (n. 4, 30 aprile 1993) per una sua intervista concessa al quotidiano "La Stampa" e pubblicata il 14 aprile. Tutto ciò malgrado il "decreto-legge" da lui varato il 26 aprile successivo, e volgarmente noto come decreto "anti- naziskin" (anche se costoro non sono neppure citati nel decreto, di ben più vasta portata). Riteniamo di particolare interesse la notizia riferita dal documento n. IV, secondo la quale dobbiamo al deputato repubblicano Enrico Modigliani, membro della comunità ebraica romana, la principale novità del decreto, e cioè il fatto che il decreto Mancino estenda, rispetto alla precedente legge del 1975 ed alla convenzione di New York, il reato di "discriminazione" anche alla discriminazione per motivi religiosi. Alla fine della lettura, sorge spontaneo il quesito: il sen. Mancino verrà arrestato (pene fino a 5 anni di carcere in base al decreto da lui sottoscritto) per antisemitismo? A leggere "Shalom", si direbbe di sì...

Intervista concessa dal ministro a "La Stampa" il 14 aprile 1993 ("Shalom" n. 4, aprile 1993). Da "La Stampa" del 14 aprile 1993, intervista di Paolo Guzzanti al ministro dell'Interno Nicola Mancino sulle gravi accuse mosse dai giudici di Palermo al senatore Giulio Andreotti, contro il quale taluni credono sia stata messa in atto una specie di congiura. Che ne dice il ministro Mancino, chiede Guzzanti al suo interlocutore? « Si ho visto. Io non credo alla congiura ma... ». Ma? « Non credo alla congiura dei servizi segreti, non credo alle trappole americane, come qualcuno dice... Ma penso che al mondo ci siano delle potenti lobbies che non vedevano l'ora di saldare i conti a Giulio Andreotti ». Lobbies di che genere? « Di genere finanziario e massonico. Io credo che siano scese in campo contro di lui delle potenti concentrazioni dell'alta finanza che lo avevano nel mirino per le sue posizioni filoarabo, filo- olpiste... ». Una congiura giudaico-massonica? Ma via, ministro Mancino... « Non ho affatto parlato di una congiura. Ho detto che ho l'impressione, la sensazione, che contro Andreotti esista da tempo, animosissimo, un grande fronte che non ha digerito le sue posizione in politica estera, e nel Medio Oriente in particolare ».

II) Reazioni del mensile "Shalom" all'intervista del ministro Mancino. (...) Ma l'aria è pesante, l'atmosfera inquinata e non solo in quelle terre dove l'antisemitismo ha tali radici da rendere vani gli sforzi delle minoranze liberali e democratiche di quei paesi per estirparle. L'aria è pesante anche qui da noi, quasi ad esemplificare l'assunto che quando una situazione politica si fa confusa, circolano veleni. I lettori potranno vedere in questo numero i particolari della vicenda che riguarda il ministro dell'Interno Nicola Mancino e le sue incredibili dichiarazioni. Dichiarazioni che rieccheggiano, più dettagliatamente la linea difensiva del senatore a vita Giulio Andreotti circa una non meglio precisata congiura internazionale - americana - contro di lui. E se appaiono eccessive e a stento credibili certe accuse che gli vengono mosse (tipo baci ai mafiosi), ancora più inattendibili e sorprendenti sono i riferimenti a presunte vendette degli Stati Uniti, o meglio, come precisa Mancino, dell'alta finanza internazionale, come se gli Stati Uniti e la mitica finanza internazionale non avessero altre preoccupazioni che quella d'inguaiare i nostri inossidabili uomini politici. Uomini politici in preda ad una sorta di sindrome dissociativa, visto che lo stesso ministro Mancino varava con procedura d'urgenza la legge contro i naziskin. Si direbbe che una classe politica in agonia non sappia più che cosa dire o fare per salvarsi. Ma i riferimenti a congiure internazionali assumono sinistre connotazioni. E spetterebbe proprio agli uomini politici trarre corrette conclusioni dalle lezioni della storia, specie da quella contemporanea (...) (pag. 1). (...) La tesi del complotto è stata ribadita il 14 aprile scorso dal ministro dell'Interno Nicola Mancino, nel corso di una intervista a Paolo Guzzanti della "Stampa" di Torino. Il ministro ha parlato di lobbies "che non vedevano l'ora di saldare il conto con Andreotti" ed anche se Mancino non ha pronunciato la parola "ebrei" né "Israele", la descrizione della congiura giudaico-massonica non poteva essere più classica e palese. Come ha sottolineato la presidente dell'Unione Tullia Zevi in una lettera all'allora presidente del Consiglio Giuliano Amato (e ribadito poi in due interviste a quotidiani), era chiaro il richiamo del Ministro dell'Interno - responsabile della sicurezza di tutti i cittadini italiani, compresi gli ebrei, entro i confini nazionali - ai più pericolosi pregiudizi antisemiti, diffusi in termini non molto dissimili dalla polizia zarista all'inizio di questo secolo, tramite quel libello noto come "Protocolli dei Savi Anziani di Sion". (Pag. 3).

III) Lettera del 22 aprile, del ministro Mancino a Tullia Zevi. Gentile signora Zevi, anche Lei, inseguendo la moda ormai ricorrente nel nostro Paese, attribuisce a me opinioni che non ho espresso anche perché esse mi sono assolutamente estranee, culturalmente e politicamente. Contro i naziskin pende avanti alla Camera dei deputati un disegno di legge Mancino: ed è l'ultima mia presa di posizione rispetto a fenomeni di intolleranza, di prevaricazione e di violenza. Lei - me lo consenta - prima di fare dichiarazioni pubbliche avrebbe dovuto leggere più attentamente la mia intervista a "La Stampa" di Torino e distinguere il contenuto delle mie risposte rispetto al contenuto delle domande. Mi sono limitato a parlare di reazioni della massoneria e della finanza internazionale alla politica filo-araba e filo-olpista dell'on.le Andreotti: personalmente - ma non solo - non trovo alcuna identità tra massoneria, finanza internazionale e mondo ebraico; non vedo, perciò, la ragione della Sua reazione. Ella avrebbe dovuto reagire, semmai alla domanda di Paolo Guzzanti, il mio intervistatore: mi consenta, perciò, di chiederLe se la malizia di un giornalista possa trasformarsi in un capo di accusa contro di me: non sono in nessun senso la persona che può servire ad alimentare una polemica, soprattutto se pretestuosa. Nicola Mancino

Questa la lettera del ministro, il quale mentre da un lato si lasciava andare ad una ben singolare difesa d'ufficio di Andreotti, dall'altro firmava il decreto-legge antinaziskin che lo faceva definire da questi ultimi "servo degli ebrei". Ci sarebbe però piaciuto sapere, a chi Mancino si riferiva (nomi e cognomi) parlando di quelle "reazioni della massoneria e della finanza internazionale alla politica filo-araba e filo-olpista dell'on.le Andreotti", affermazioni che qui ribadisce. Sarebbe interessante e consolante sapere che forze così poderose come massoneria e finanza internazionale hanno tanto a cuore gli interessi vitali dello Stato ebraico. Sicuramente se così fosse gli ebrei si sentirebbero meno soli (Commento di "Shalom", pag. 3).

IV) Articolo del mensile "Shalom" n. 4, aprile 1993, pag. 12. Prima delle dimissioni di Amato un decreto legge. Per stroncare il fenomeno dei naziskin. Doveva essere un disegno di legge. Doveva cioè andare al dibattito parlamentare. Ma le dimissioni del presidente del Consiglio Amato hanno indotto il governo, nella sua ultima seduta, ad emanare un decreto- legge, vale a dire una legge che ha effetto immediato (salvo l'approvazione del Parlamento entro 60 giorni). Si tratta dei provvedimenti legislativi tesi a stroncare il fenomeno dei naziskin e in genere delle manifestazioni di razzismo, xenofobia e antisemitismo, quali slogan o striscioni razzisti negli stadi, manifestazioni contro gli extracomunitari, incitamenti alla discriminazione razziale, etnica religiosa. Ognuno di questi atti comporta una pena fino a quattro anni di prigione; chi incita alla violenza (e ovviamente chi né è l'autore, salvo aggravanti specifiche) potrà vedersene inflitti sette. Per quanto riguarda la violenza però nel decreto-legge è scomparso il reato a se stante di "incitamento alla violenza", che è confluito nel più generale articolo 1. Il decreto ha tenuto conto delle osservazioni fatte dal relatore Gaspari nella commissione Giustizia, ma anche dei suggerimenti dell'intergruppo parlamentare che si è occupato del problema. Nell'intergruppo, che comprendeva parlamentari delle opposizioni, particolarmente attivo è stato l'on. Enrico Modigliani del PRI che si è detto soddisfatto del decreto, anche in quanto, ha detto, "ha tenuto conto proprio delle nostre indicazioni, della necessità cioè, più che individuare nuove tipologie di reato, di utilizzare le norme esistenti, facendole confluire in una sorta di testo unico". L'articolo 1 del decreto modifica anche, estendendola a motivi religiosi (soprattutto per opera di Modigliani che presiedeva l'intergruppo), la legge 654 del 1975 emanata a ratifica della convenzione di New York sulla discriminazione razziale e recepisce quanto previsto successivamente dalla legge 101/1989 che attua l'Intesa tra Stato italiano e comunità ebraica. Il senso di questo decreto-legge è comunque quello di sensibilizzare gli operatori della giustizia ai nuovi fenomeni razzistici che si sono registrati negli ultimi tempi anche nel nostro paese. Come dire che le leggi esistevano già ma venivano in parte disattese. Il decreto è quindi più che altro una necessaria accentuazione della volontà del governo e del paese di non tollerare manifestazioni discriminatorie e men che meno violente.

V) Articolo del magistrato Carlo Alberto Agnoli sul decreto-legge 122, pubblicato dalla rivista "Chiesa viva", n. 241, giugno 1993. LA CHIESA CATTOLICA MESSA AL BANDO DA UN "PROVVEDIMENTO GOVERNATIVO" Tra la generale disattenzione e indifferenza è stato recentissimamente varato, con le firme di Amato, Mancino e Conso, e sotto il pretesto dell'estrema urgenza di combattere il fenomeno naziskin (ma da noi chi li ha mai visti, e quanti sono?), e in tempi di sconcertante brevità (26 aprile, approvazione; 27 aprile, pubblicazione sulla Gazzetta Ufficiale; 28 aprile, entrata in vigore) un Decreto-legge di enorme portata politica che, se rigorosamente applicato, porterà alla pratica abrogazione di tutte le libertà costituzionali. In esso, infatti, si prevede la punizione, con pene detentive e accessorie di inaudita durezza (basti qui dire che, anche per un perverso gioco di circostanze aggravanti, si arriva ad oltre 7 anni di reclusione, per i capi e i promotori, e che è previsto il sequestro addirittura delle case, sol che vi si rinvengano simboli di qualche associazione incriminata!) chiunque «in qualsiasi modo incita alla discriminazione o all'odio, o incita a commettere o commette violenze o atti di provocazione alla violenza per motivi razziali, etnici, nazionali o religiosi». Poiché queste righe non sono destinate a una rivista giuridica ma al pubblico, ci limitiamo a sottolineare gli aspetti più sconcertanti di questa incredibile legge. A tal fine giova, anzitutto, rilevare la preoccupante genericità delle parole: chi, in qualsiasi modo, incita all'odio. Che significa, infatti, incitare all'odio? Chi, ad esempio, dicesse che gli zingari sono quasi tutti ladri e fannulloni, inciterebbe all'odio etnico? E che dire di chi, sfogandosi a proposito dei Serbi, li

definisce barbari, feroci, violenti e capaci di ogni delitto? O di chi, alle partite internazionali di calcio, si lasciasse trascinare un po' troppo? O del settentrionale che se la prende col meridionale, e viceversa, per le solite note e trite diatribe? E se uno protestasse anche pubblicamente contro gli extra-comunitari sostenendo che godono di ingiustificati privilegi e di generose sovvenzioni a spese del contribuente italiano, e manifestano una allarmante propensione alla prostituzione e al delitto, sarebbe, per ciò, da considerare uno che "incita all'odio"? Il dubbio è tanto più grave in quanto le parole "in qualsiasi modo" rendono la condotta descritta ancor più nebulosa ed elastica, esponendo i discorsi più banali ad una illimitata criminalizzazione: d'ora innanzi, ognuno dovrà stare molto attento a quello che dice, o scrive, per evitare di venir trascinato in ceppi davanti a un tribunale e di trovarsi esposto alla universale esecrazione come cripto-naziskin! Ma il punto in cui il Decreto-legge nr. 122 del 26 aprile scorso davvero eccede tutti i limiti, è quello in cui punisce, con le sue pene draconiane, «chi in qualsiasi modo.... incita alla discriminazione per motivi religiosi ». Invero, il verbo "discriminare", secondo il "Novissimo Dizionario del Palazzi", significa semplicemente "distinguere", e che tale sia il suo significato anche nel contesto del Decreto in esame, si ricava con certezza dal confronto con l'articolo 1 della "Convenzione Internazionale" di New York del 7 marzo 1966, che costituisce il punto di riferimento del detto provvedimento legislativo, che peraltro ne allarga a dismisura la portata. Se ne ricava che, d'ora innanzi, chiunque "distingue, o incita a distinguere tra l'una e l'altra religione, e di conseguenza, per l'inscindibile nesso tra religione e morale, tra gli appartenenti all'una e all'altra religione, è punibile con le pene previste dalla nuova normativa. A questo punto, è chiaro che il cristiano - ma, si badi bene, anche il non cristiano! - non potrà più condannare, ad esempio, il "satanismo" e i "satanisti", deprecando i sacrifici umani, la magìa sessuale, le oggidì sempre più frequenti "messe nere" la profanazione delle "ostie consacrate" e gli altri abominevoli riti connessi a quel culto, e le perversioni morali delle persone che vi aderiscono, e nemmeno biasimare le pratiche e i cultori della magìa nera e della stregoneria, o culto della Wicca, coi suoi malefici, venefici e fatture, o irridere alle stoltezze della astrologia! Né potrà ritenersi al sicuro dagli inesorabili rigori della nuova legge chiunque si permetta di censurare la teoria e la pratica della poligamia e dello schiavismo, professati dagli islamici, e la loro dottrina della "gihad", o guerra santa - per cui il mondo intero va conquistato con la spada alla religione di Maometto e gli "infedeli" convertiti o sterminati - o chi si attenti ad esecrare gli eccessi dei "fondamentalisti" islamici e i loro massacri, come in Sudan o nel Libano!

In siffatto ordine di idee, non si vede come sarà possibile consentire la ristampa e la diffusione del "Nuovo" e dell'"Antico Testamento". Come potranno essere ammessi i passi in cui Gesù definisce i farisei "razza di vipere" (Matt. 12, 34), o li accusa di avere per padre il diavolo (Giov. 8, 44), o quello che riporta la lunga invettiva "Guai a voi, scribi e farisei ipocriti!...", che occupa l'intero capitolo 23 del Vangelo di San Matteo? E che dire della condanna da Cristo stesso proferita nei confronti di tutti coloro che diffondono dottrine diverse dalla sua, definendoli "ladri e malandrini" (Giov. 10)? O delle parole di San Giovanni, laddove afferma che chi nega la Divinità di Cristo è un "seduttore e un anticristo" (II Giov. 2, 7)? Quanto all'Antico Testamento, non definisce, forse, "demoni" le divinità adorate dai pagani? In questo contesto, il cristianesimo stesso che condanna, per dirla con Dante, il culto "degli dèi falsi e bugiardi", e si afferma unica verità ("Io sono la via, la verità e la vita", dice Gesù), di contro alle "tenebre e all'ombra di morte" (Matteo, 4, 16) dell'idolatria e dell'ateismo, difficilmente potrà sfuggire all'accusa di essere una di quelle "organizzazioni, associazioni, movimenti o gruppi aventi tra i propri scopi l'incitamento alla discriminazione… per motivi religiosi", che il 3° comma dell'art. 1 della nuova legge rigorosamente vieta severamente, punendone gli aderenti e i capi. In questo caso, però, il Promotore, la cui punizione è pure prevista, non potrà essere colpito né da Amato, né da Mancino o Conso, essendo già stato crocifisso circa 2.000 anni or sono! D'altronde, per togliere ogni dubbio sulla messa fuori legge della Chiesa Cattolica con tutta la sua Gerarchia e i suoi fedeli, è sufficiente considerare che anche il nuovo Codice di Diritto Canonico prevede, come impedimento al matrimonio, l'appartenenza di uno dei coniugi a una religione diversa e, in tal modo, inequivocabilmente, "discrimina" ed incita a "discriminare". Se questa è la posizione del Cristianesimo di fronte alla Repubblica Italiana, non potrà essere migliore neppure quella dell'Islamismo, il cui testo sacro, il Corano, pur lasciando salva la vita ai "popoli del Libro" - cristiani ed ebrei - al versetto 56 della "sura" quinta, così ammonisce i suoi fedeli: «O voi che credete, non prendete per amici gli ebrei e i cristiani. Dio, in verità, non guida gli uomini iniqui»! Se questa non è discriminazione!... L'Islam, del resto, come è noto, fa della distinzione tra fedeli e infedeli (dhimmi), soggetti a tributo, uno dei pilastri del proprio ordine sociale! Anche il Buddismo, nel Kalachakra Tantra, bestemmia Gesù e ne spregia i fedeli, chiamando, il primo, "maestro di barbari"! Comunque, è evidente che ogni religione, nel momento stesso in cui si pone come vera, nega le altre. Ma vi è forse maggiore accordo tra sistemi filosofici o ideologie politiche? In realtà, questa incredibile legge, in nome della tolleranza razziale e religiosa, sotto pretesto di universale libertà, cancella ogni libertà di pensiero, di parola, di stampa, di associazione e, soprattutto, di religione, dal momento che non ammette più religione alcuna, implicitamente abrogando, però, anche i capisaldi della Costituzione e ponendo le premesse di una inaudita tirannide! E in verità, i naziskin non sono che un falso scopo, il pretesto per una manovra con ben altri e inconfessabili obiettivi, ben più importanti che non quello costituito da alcuni sciagurati, esaltati da idee di evidente marca massonica e dichiaratamente anticristiana, quali sono innegabilmente quelle naziste. Ciò appare evidente sol che si consideri che la grande novità del testo legislativo in esame, il quale, in questo campo, va al di là della citata Convenzione di New York del 7 Marzo 1966 e della precedente legge 13.10.1975 n. 654, portante ratifica di tale Convenzione, è che con esso viene appunto introdotto il divieto della "discriminazione" per motivi religiosi. Tale divieto non ha evidentemente alcun riferimento con i naziskin che, a quanto ci risulta, non sono certo noti per la loro particolare frequenza nelle chiese cattoliche, per la loro devozione o la loro osservanza dei Comandamenti Divini, e nemmeno per l'appartenenza ad altre religioni. Non può, quindi, non sorgere, nell'osservatore attento e scaltrito, il sospetto di trovarsi di fronte a una delle tante tenebrose manovre di quei poteri occulti che muovono come marionette gli uomini che sembrano dominare lo scenario politico. Tanto più il sospetto appare fondato ove si consideri che la tesi di una pretesa superiore unità esoterica delle religioni, al di là delle più stridenti differenze, costituisce il principale caposaldo della dottrina massonica. A tale premessa teorica si collega lo sforzo di infiltrare ogni "credo" per ridurlo a semplice rito, senza alcuna pretesa di verità e di giustizia. E ciò nel nome di un assoluto relativismo dissolutore che postula la negazione del principio logico di contraddizione!

pag 60 della rivista n° 44
http://www.sodalitium.biz/index.php?ind=downloads&op=download_file&ide=16&file=44.zip

Nel 1992, si registra infatti un caso di una gravità estrema, le cui conseguenze ancora gravano sul nostro capo, la famosa "legge Mancino" (cf. Sodalitium n. 34 pag. 34). In quel frangente l'allora Ministro degli Interni Nicola Mancino (attualmente Presidente del Senato), in un'intervista rilasciata all'Unità dichiarò: «Siamo in Italia, la situazione non è esplosiva, e dunque preferirei un disegno di legge. Sono però sollecitato a scegliere il decreto legge» (L'Unità, 25. 11. 1992). Da chi fu sollecitato il Ministro? Chi possiede tanto potere da sollecitare il Ministro degli Interni? La risposta appare chiara alla luce di una lettera dello stesso Mancino, inviatami il 20 giugno 1993. Occorre sapere che il 1 giugno del '93 avevo scritto una lettera al Ministro, in occasione di una sua polemica con la signora Tullia Zevi e col mensile della Comunità ebraica romana "Shalom". La rivista ebraica accusava il Ministro (come vedrà il lettore dalla lettera riportata a fianco) di credere alla congiura giudaico-massonica. Mancino rispondeva, naturalmente, negando. Decisi pertanto, facendo finta di niente, di scrivere al Ministro degli Interni. Egli, a mio parere, aveva messo "il dito nella piaga", come confermavano molte citazioni di autortà ebraiche, convertite o no alla fede, che sosteneva no la collusione tra l'odierno giudaismo e la massoneria. Con mia grande sorpresa, il Ministro mi rispose asserendo: «Trovo molto coerenti con il mio pensiero le opinioni da lei manifestatemi...». Il fatto più sorprendente e sbalorditivo è che lo stesso Ministro, che evidentemente crede alla "congiura giudaico-massonica" ha varato, (su sollecitazione?), con urgenza la Legge che porta il suo nome contro la "dicriminazione razziale e religiosa", ottenendo come ringraziamento dalla rivista della Comunità ebraica il gentile apprezzamento di persona "in preda a sindrome dissociativa" (Shalom, 30. 04. 1993, p. 1). In base a tali lettere non si potrebbe chiedere l'incostituzionalità della Legge Mancino? Molti rispondono di sì, ma nessuno ha voluto dare risalto a documenti così scottanti e importanti! Forse che una mano nascosta dirige tutto?

Una legge che non piace al suo autore. Che crede alla congiura giudaico-massonica.

- Legge Mancino

- Testo in vigore dal 27/6/1993

- XI LEGISLATURA - DISCUSSIONI - SEDUTA DEL 27 MAGGIO 1993

- XI LEGISLATURA - DISCUSSIONI - SEDUTA DELL'8 GIUGNO 1993

- XI LEGISLATURA - DISCUSSIONI - SEDUTA DEL 10 GIUGNO 1993

- XI LEGISLATURA - DISCUSSIONI - SEDUTA DEL 15 GIUGNO 1993

- XI legislatura PROGETTO DI LEGGE (Fase esposta)

- XI legislatura PROGETTO DI LEGGE (Fase esposta)

- XI legislatura PROGETTO DI LEGGE (Fase esposta)

- L'iter della Legge Mancino

- Hanno scritto sulla Legge Mancino (articoli su web e giornali)

- La verifica di costituzionalità mai fatta

LA LEGGE MANCINO
di MAURIZIO D'ANGELO
Redatto in Aosta il 07/09/2014.
http://mauriziodangelo.blogspot.com

www.ingramcontent.com/pod-product-compliance
Lightning Source LLC
Chambersburg PA
CBHW060846170526
45158CB00001B/250